# 诸子箴言

中央编译出版社

# 出 版 说 明

　　诸子百家的思想，是中国传统文化的源头，也是中华儿女的精神血脉。即使今天，我们每一个人也践行诸子的思想，运用他们的语言（例如许多成语就是诸子原话）。

　　孔子和孟子把修心放在第一位，通过道德的修养，使自己处于义正刚直、气贯天地的精神状态，从而使自身的"精气神"保持强壮盛旺，以参与学习、工作等社会实践。

　　老子和庄子为我们提供了一种认识世界的参照系，遵循规律的思想给我们带来心灵的启迪，帮助我们找到了一扇审视生命及其意义的窗口。

　　韩非子要求责职分明、因才器使、才职相称、以功伐定、上下循序的用人机制和组织体制，以绩效为标准，为事择人，专长任职。

　　墨子提出用爱心去对待一切，爱一个人，是对自己的完善；爱一个人，就看到了自己的另一面。人与人之间的互爱互利是社会稳定的基石，而人与人之间的互怨互损将激发矛盾引发祸乱。

　　孙子认为在竞技场上，并不总是充满着刀光剑影和血腥拼杀，更多的是计谋的较量，智慧的交锋，所以"力斗不如智斗"。

　　还有众多思想家，以他们特有的视角和独到的发现，为中华文明奉献了一枝枝思想的奇葩，可谓异彩纷呈，争奇斗艳。

　　今天，尽管我们的理念在不断更新，补充新鲜的内容，但我们的文化最本质的养份，还是诸子先哲们在几千年前创造的；我们智慧最重要的部分，也还是诸子思想交融后传承下来的东西。

　　本书撷取诸子经典著作中最值得学习与体会、思考与运用的箴言。读了这些箴言，我们就会感到诸子们站在历史的高度发出了响彻千古的声音，穿越时空，不断给我们带来新的启示和新的帮助。

　　本书选言，侧重人生，处世智慧，不一定是先哲的代表思想。

《论语》是儒家学派的经典著作之一，由孔子的弟子及其再传弟子编撰而成。它以语录体和对话文体为主，记录了孔子及其弟子言行，集中体现了孔子的政治主张、伦理思想、道德观念及教育原则等。孔子因材施教，对于不同的对象，考虑其不同的素质、优点和缺点、进德修业的具体情况，给予不同的教诲。表现了诲人不倦的可贵精神。孔子循循善诱的教诲之言，或简单应答，点到即止；或启发论辩，侃侃而谈；富于变化，娓娓动人。

学而时习之，不亦说乎？
有朋自远方来，不亦乐乎？
人不知而不愠，不亦君子乎？
《学而》

# 《论语》
# 箴言

孔丘 等著

诸　子
箴言

吾日三省吾身，
为人谋而不忠乎？
与朋友交而不信乎？
传不习乎？

《学而》

———————

不重则不威，
学则不固。①

《学而》

———————

过，则勿惮改。②

《学而》

——————————————

① 译：不自重就没有威严，学习可以使人不闭塞。
② 译：有了过错，就不要怕改正。

礼之用，和为贵。
《学而》

敏于事而慎于言。
《学而》

不患人之不己知，
患不知人也。①
《学而》

为政以德，譬如北辰，
居其所而众星共之。
《为政》

---

① 译：不怕别人不了解自己，只怕自己不了解别人。

视其所以，
观其所由，察其所安。①

《为政》

---

温故而知新，
可以为师矣。

《为政》

---

君子周而不比，
小人比而不周。②

《为政》

---

① 译：了解某个人，应观察他的行为，考察他的经历，了解他
的心志，知道他安于什么。

② 译：君子合群而不与人勾结，小人与人勾结而不合群。

学而不思则罔，
思而不学则殆。①

《为政》

知之为知之，
不知为不知，是知也。

《为政》

举直错诸枉，则民服；
举枉错诸直，则民不服。②

《为政》

---

① 译：只学习而不思考问题，就会罔然无知而没有收获；只思
考而不学习，就会疑惑而误入歧途。
② 译：把正直无私的人提拔起来，把邪恶不正的人置于一旁，
民众就会服从；把邪恶不正的人提拔起来，把正直无私的人
置于一旁，民众就不可能服从统治。

人而无信，不知其可也。

《为政》

见义不为，无勇也。

《为政》

富与贵，
是人之所欲也，
不以其道得之，
不处也；
贫与贱，
是人之所恶也，
不以其道得之，不去也。

《里仁》

不患无位，患所以立；

不患莫己知，求为可知也。①

《里仁》

见贤思齐焉，

见不贤而内自省也。②

《里仁》

君子欲讷于言而敏于行。

《里仁》

---

① 译：不要担心没有职位，只怕自己没有任职的才干。不要怕
没人了解自己，只求自己是去做为他人所了解的事。

② 译：见到有贤德的人，就想向他看齐、学习；见到没有德行
的人，就在内心做自我反省。

我不欲人之加诸我也，
吾亦欲无加诸人。①

《公治长》

敏而好学，不耻下问。

《公治长》

不迁怒，不贰过。②

《雍也》

知之者，不如好之者；
好之者，不如乐之者。

《雍也》

---

① 译：我不愿别人强加于我的事，我也不愿强加在别人身上。

② 译：不迁怒于别人，不犯同样的过错。

质胜文则野，
文胜质则史。①

《雍也》

己欲立而立人，
己欲达而达人。②

《雍也》

富而可求也，
虽执鞭之士，吾亦为之。
如不可求，
从吾所好。

《述而》

---

① 译：质朴多于文采则流于粗俗，文采多于质朴则流于虚浮。
② 译：自己立身也应使他人立身，自己通达也应使他人通达。

学而不厌，诲人不倦。

《述而》

不义而富且贵，
于我如浮云。

《述而》

发愤忘食，乐以忘忧，
不知老之将至云尔。

《述而》

三人行，
必有我师焉。

《述而》

君子坦荡荡，
小人长戚戚。
《述而》

士不可以不弘毅，
任重而道远。
《泰伯》

不在其位，不谋其政。
《泰伯》

三军可夺帅也，
匹夫不可夺志也。
《子罕》

岁寒，
然后知松柏之后凋也。

《子罕》

知者不惑，
仁者不忧，
勇者不惧。

《子罕》

夫人不言，言必有中。

《先进》

己所不欲，勿施于人。

《颜渊》

内省不疚，夫何忧何惧？

《颜渊》

君子成人之美，不成人之恶。

《颜渊》

四海之内，皆兄弟也。
君子何患乎无兄弟也！

《颜渊》

君子之德风，
小人之德草，草上之风必偃①。

《颜渊》

---

① 译：君子的品德好比风，小人的品德好比草，草遇到风就必
然要倒下。

上好礼，则民莫敢不敬；
上好义，则民莫敢不服；
上好信，则民莫敢不用情<sup>①</sup>。

《子路》

名不正，则言不顺；
言不顺，则事不成。

《子路》

君子和而不同，
小人同而不和<sup>②</sup>。

《子路》

---

① 情：实情。用情：以真心实情来对待。

② 译：君子讲求团结而不互相勾结，小人互相勾结而不讲求
团结。

无欲速，无见小利。
欲速则不达，见小利则大事不成。
《子路》

———

狂者进取，
狷①者有所不为也。
《子路》

———

言必信，行必果。
《子路》

———

其身正，不令而行；
其身不正，虽令不从。
《子路》

———

① 狷：拘谨。

**见利思义，见危授命。**

《宪问》

---

**君子耻其言而过其行。**①

《宪问》

---

**不怨天，不尤人。**
**下学而上达。**②

《宪问》

---

**工欲善其事，必先利其器。**

《卫灵公》

---

① 译：君子认为说得多而做得少是可耻的。

② 译：不埋怨天，也不责备人，下功夫学习知识，求通达于
天理。

可与言而不与之言，失人；
不可与言而与言，失言①。

《卫灵公》

---

人无远虑，
必有近忧。

《卫灵公》

---

躬自厚而薄责于人，
则远怨矣。②

《卫灵公》

---

① 译：可以跟他言谈却不跟他言谈，就是错过了对象；不可以
　　跟他言谈而跟他言谈，就是说错了话。
② 译：多责备自己而少责备别人，就可以避免别人的怨恨了。

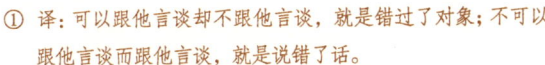

君子病无能焉，
不病人之不己知也①。
《卫灵公》

君子不以言举人，
不以人废言。
《卫灵公》

己所不欲，勿施于人。
《卫灵公》

小不忍则乱大谋。
《卫灵公》

---

① 译：君子只怕自己没有才能，不怕别人不知道自己。

君子求诸己，小人求诸人。①

《卫灵公》

众恶之，必察焉；
众好之，必察焉。②

《卫灵公》

人能弘道，非道弘人。③

《卫灵公》

过而不改，是谓过矣。

《卫灵公》

① 译：君子严格要求自己，小人则苛刻他人。
② 译：大家都厌恶的，必须去审察；大家都称赞的，也必须去审察。
③ 译：人能弘扬大道，不是大道来弘扬人。

当仁，不让于师。

《卫灵公》

有教无类。

《卫灵公》

道不同，不相为谋。

《卫灵公》

不降其志，不辱其身。

《微子》

无求备于一人。①

《微子》

---

① 译：不要对任何人求全责备。

益者三友，
损者三友。
友直，友谅，友多闻，益矣；
友便辟，友善柔，友便佞，损矣。①

《季氏》

---

生而知之者，上也；
学而知之者，次也；
困而学之，又其次也；
困而不学，民斯为下矣。

《季氏》

---

① 谅：诚信。便辟：惯于走邪道。善柔：善于和颜悦色骗人。便佞：
惯于花言巧语。

君子有三戒：
少之时，
血气未定，
戒之在色；
及其壮也，
血气方刚，
戒之在斗；
及其老也，
血气既衰，
戒之在得①。

《季氏》

————————————

① 得：占有

好仁不好学，其蔽也愚；
好知不好学，其蔽也荡；
好信不好学，其蔽也贼；
好直不好学，其蔽也绞；
好勇不好学，其蔽也乱；
好刚不好学，其蔽也狂。①

《阳货》

----

仕而优则学，学而优则仕。

《子张》

----

士见危致命，见得思义。②

《子张》

---

① 愚：受人愚弄。荡：放荡，好高骛远而没有根基。贼：害。绞：
说话尖刻。乱：犯上作乱。狂：狂妄自大。
② 译：遇到危难肯献出生命，遇到有利益的事要想到大义。

博学而笃志，
切问而近思。

《子张》

君子尊贤而容众，
嘉善而矜不能。①

《子张》

日知其所亡，
月无忘其所能，
可谓好学也已矣。②

《子张》

---

① 译：君子既尊重贤人，也能容纳众人；既能称赞德行好的人，
又能同情能力不够的人。

② 译：每天学一些过去所不知道的东西，每月都不忘记已经学
会的东西，这就叫做好学了。

君子之过也，
如日月之食焉。
过也，
人皆见之；
更①也，
人皆仰之。

《子张》

---

① 更：改正（过错）

《孟子》是记载孟子及其学生言行的一部书。孟子继承和发展了孔子的德治思想，发展为仁政学说，成为其政治思想的核心。孟子的主要哲学思想，是他的人类性善论。他认为"仁、义、礼、智"是人们与生俱来东西，不是从客观存在着的外部世界所取得的。孟子继承和发展了在进行教育时，必须采取因人而异的多种方法。他认为教育学生必须要有一定的标准，使学生有一个明确的奋斗目标。孟子所倡导的学习方法和教育方法是我国古代教育学的结晶，对我们今天的学习和教育仍然有着一定的参考价值。

天时不如地利，
地利不如人和。
《公孙丑下》

# 《孟子》
# 箴言

孟轲 著

诸 子
箴言

苟为后义而先利，
不夺不餍。①

*《梁惠王上》*

一羽之不举，为不用力焉；
舆薪之不见，为不用明焉；
百姓之不见保，为不用恩焉。

*《梁惠王上》*

老吾老，以及人之老；
幼吾幼，以及人之幼。

*《梁惠王上》*

① 译：如果把仁义放在后面而先谋求利益，不把国家的利益全
部夺取是不可能满足的。

权，然后知轻重；
度，然后知长短。
《梁惠王上》

乐民之乐者，民亦乐其乐；
忧民之忧者，民亦忧其忧。
乐以天下，忧以天下，
然而不王者，未之有也。
《梁惠王下》

左右皆曰不可，勿听；
诸大夫皆曰不可，勿听；
国人皆曰不可，然后察之；
见不可焉，然后去之。
《梁惠王下》

以力服人者，
非心服也，力不赡①也；
以德服人者，中心悦而诚服也。

《公孙丑上》

出于其类，
拔乎其萃。②

《公孙丑上》

我善养吾浩然之气。

《公孙丑上》

————————————

① 力不赡：力量不够。

② 类：同类。拔：超出。萃：原为草丛生的样子，引伸为聚集。
超出同类之上。多指人的品德才能。

无恻隐之心，非人也；

无羞恶之心，非人也；

无辞让之心，非人也；

无是非之心，非人也。

《公孙丑上》

尊贤使能，俊杰在位，

则天下之士皆悦，

而愿立于其朝矣。

《公孙丑上》

人皆有不忍人之心。①

《公孙丑上》

① 译：人都有怜悯他人的心。

天时不如地利，
地利不如人和。

《公孙丑下》

得道者多助，失道者寡助。
寡助之至，亲戚畔<sup>①</sup>之；
多助之至，天下顺之。

《公孙丑下》

有官守者，不得其职则去；
有言责者，不得其言则去。<sup>②</sup>

《公孙丑下》

---

① 畔：通"叛"，背叛。
② 译：有官职的人，如果不能尽职，就应该辞职而去；有进言
　　责任的人，如果进言不采纳，也应该辞职而去。

上有好者，下必有甚焉者矣。
《滕文公上》

民事不可缓也。
《滕文公上》

人之有道也，
饱食、暖衣、逸居而无教，
则近于禽兽。
《滕文公上》

分人以财谓之惠，
教人以善谓之忠，
为天下得人者谓之仁。
《滕文公上》

枉己者，
未有能直人者也。①

《滕文公上》

富贵不能淫，
贫贱不能移，
威武不能屈，
此之谓大丈夫。

《滕文公下》

教者必以正。②

《离娄上》

---

① 译：自己是不正直的人，是不能让他人正直的。
② 译：要用正确的道理和方法纠偏。

是以惟仁者宜在高位。
不仁而在高位，
是播其恶于众也。
上无道揆<sup>①</sup>也，
下无法守也。

《离娄上》

徒<sup>②</sup>善不足以为政，
徒法不能以自行。

《离娄上》

① 揆：准则，原则；上无道揆：不以义理量度事物。
② 徒：仅仅，只有。

夫人必自侮，然后人侮之；
家必自毁，而后人毁之；
国必自伐，而后人伐之。

《离娄上》

诚者，天之道也；
思诚者，人之道也。
至诚而不动<sup>①</sup>，未之不也；
不诚，未有能动者也。

《离娄上》

不以规矩，不能成方圆。

《离娄上》

---

① 动：感动。

自暴者，不可与有言也；
自弃者，不可与有为也。

《离娄上》

人之患在好为人师。

《离娄上》

君之视臣如手足，
则臣视君如腹心；
君之视臣如犬马，
则臣视君如国人①；
君之视臣如土芥，
则臣视君如寇仇。

《离娄下》

---

① 国人：平常的人。

人有不为也，而后可以有为。

《离娄下》

言人之不善，当如后患何？<sup>①</sup>

《离娄下》

大人者，不失其赤子之心者也。<sup>②</sup>

《离娄下》

博学而详说之，
将以反说约也。<sup>③</sup>

《离娄下》

---

① 译：专门说他人不好的方面，自己有后患该怎么办？

② 大人：品德高尚的人。赤子之心：纯诚之心。

③ 译：广博地学习而又详细地说明，目的是融会贯通以后可以简明扼要地传达。

可以取，可以无取，取伤廉；
可以与，可以无与，与伤惠；
可以死，可以无死，死伤勇。

《离娄下》

以善服人者，
未有能服人者也；
以善养人，
然后能服天下。
天下不心服而王者，
未之有也。

《离娄下》

声闻过情，君子耻之。①

《离娄下》

---

仁者爱人，

有礼者敬人。

爱人者，人恒爱之；

敬人者，人恒敬之。

《离娄下》

---

说诗者，

不以文害辞，不以辞害志。

以意逆志，是为得之。②

《万章上》

---

① 译：名声超过了实情，君子感到羞耻。

② 志：本意。意：思想。逆：迎受。

食色，性也。
仁，内也，非外也；
义，外也，非内也。
《告子上》

恻隐之心，人皆有之；
羞恶之心，人皆有之；
恭敬之心，人皆有之；
是非之心，人皆有之。
《告子上》

大匠诲人必以规矩，
学者亦必以规矩。
《告子上》

鱼，我所欲也；
熊掌，亦我所欲也。
二者不可得兼，
舍鱼而取熊掌者也。
生，亦我所欲也；
义，亦我所欲也。
二者不可得兼，
舍生而取义者也。

《告子上》

学问之道无他，
求其放心而已矣。①

《告子上》

---

① 译：学问的道路没有别的途径，就是把放弃了的本心寻求
回来。

心之官则思<sup>①</sup>，
思则得之，
不思则不得也。

《告子上》

---

虽有天下易生之物也，
一日暴之，
十日寒之，
未有能生者也。

《告子上》

---

① 心：古人以为心是思维器官。官：作用。全句意思为：心这个
器官的职能在与思考。

士止于千里之外，
则谗谄面谀之人至矣。①

《告子下》

生于忧患而死于安乐。

《告子下》

人皆可以为尧舜。

《告子下》

不揣其本而齐其末，
方寸之木可使高于岑楼②。

《告子下》

---

① 译：有见识的人被拒绝在千里之外，挑拨离间，阿谀迎奉的
人就到了。

② 岑楼：大楼，高楼。

天将降大任于斯人也，
必先苦其心志，劳其筋骨，
饿其体肤，空乏其身，
行拂乱其所为，
所以动心忍性，曾益其所不能。
《告子下》

入则无法家拂士，
出则无敌国外患者，国恒亡。①
《告子下》

君子不亮，恶乎执？②
《告子下》

① 译：一个国家中如果没有坚守法度的臣子和敢于直谏的贤
　　士，没有敌国与外来的祸患，这个国家常常易于灭亡。
② 译：作为君子，不讲信实，怎么能持有节操？

万物皆备于我矣。
反身而诚，乐莫大焉。
《尽心上》

求则得之，舍则失之，
是求有益于得也，求在我者也。
求之有道，得之有命，
是求无益于得也，求在外者也。
《尽心上》

得志，泽加于民；
不得志，修身见于世。
穷则独善其身，达则兼善天下。
《尽心上》

仁言不如仁声之入人深也，
善政不如善教之得民也。
善政，民畏之；
善教，民爱之。
善政得民财，
善教得民心。

《尽心上》

人不可以无耻，
无耻之耻，
无耻矣。

《尽心上》

无为其所不为，
无欲其所不欲。①
《尽心上》

执中无权，犹执一也。②
《尽心上》

人之所不学而能者，
其良能也；
所不虑而知者，
其良知也。
《尽心上》

---

① 译：不要做自己不想做的事，不要得到自己所不想要的
东西。
② 译：如果不是灵活性的折中，就与固执一端相同。

仰不愧于天，
俯不怍<sup>①</sup>于人。

《尽心上》

其进锐者，
其退速。

《尽心上》

有为者辟若掘井，
掘井九轫而不及泉，
犹为弃井也。

《尽心上》

---

① 怍：惭愧。

大匠不为拙工改废绳墨，
羿不为拙射变其彀率①。
君子引而不发，跃如也②。
中道而立，能者从之。

《尽心上》

_____

得天下英才而教育之。

《尽心上》

_____

知者无不知也，当务之为急；
仁者无不爱也，急亲贤之为务。

《尽心上》

_____

① 彀率：规矩。
② 译：君子：(教导别人正如射手)，张满了弓却不发箭，作出
　　跃跃欲试的样子。

于不可已而已者，无所不已。
于所厚者薄，无所不薄也。<sup>①</sup>
《尽心上》

言近而指远者，善言也；
守约而施博者，善道也。
《尽心下》

仁者以其所爱及其所不爱，
不仁者以其所不爱及其所爱。
《尽心下》

---

① 译：对于不能停止的工作却停止的，就没有什么不能停止
的了；对于应厚待的人却薄待他，就没有什么人不能薄
待了。

民为贵，
社稷次之，
君为轻。
《尽心下》

山径之蹊间，
介然用之而成路；
为间不用，
则茅塞之矣。
《尽心下》

养心莫善于寡欲。

《尽心下》

恶莠，
恐其乱苗也；
恶佞，
恐其乱义也；
恶利口，
恐其乱信也。

《尽心下》

《荀子》为战国末期赵人荀况所著。人性论是荀子思想的逻辑起点。荀子主张人性恶，认为人的本性是好利恶害，如果任人顺性发展，人与人之间就会互相争夺，使社会陷入混乱；必须由圣人制定礼义，进行教化，才能使人转而为善，使社会正常安定。

　　在天人关系方面，荀子认为天是客观存在的自然界，有它固有的客观规律；人类社会的治乱兴废，在人而不在天；人应顺应自然规律，利用自然，制天命而用之。在认识论方面，荀子特别提出"解蔽"，认为认识的片面性是人们的通病。他主张认识事物要虚心、专心、静心，以达到主观上的清明境界。

---

先义而后利者荣，
先利而后义者辱。
《荣辱》

# 《荀子》箴言

荀况 著

诸 子
箴言

青取之于蓝，
而青于蓝；
冰水为之，而寒于水。

《劝学》

蓬生麻中，不扶而直；
白沙在涅①，与之俱黑。

《劝学》

木受绳则直，金就砺则利。

《劝学》

———————————

① 涅：黑土。

不登高山，不知天之高也；
不临深溪，不知地之厚也。

《劝学》

吾尝终日而思矣，
不如须臾之所学也。

《劝学》

肉腐出虫，鱼枯生蠹。
怠慢忘身，祸灾乃作。

《劝学》

积土成山，风雨兴焉；
积水成渊，蛟龙生焉；
积善成德，
而神明自得，圣心备焉。

《劝学》

---

目不能两视①而明，
耳不能两听而聪。

《劝学》

---

学也者，固学一之也。②

《劝学》

---

① 两视：同时盯着两个事物。
② 译：学习，本来就应该专一。

不积跬步，无以致千里；
不积小流，无以成江海。
骐骥一跃，不能十步；
驽马十驾，功在不舍。
锲而舍之，朽木不折；
锲而不舍，金石可镂。

《劝学》

真积力久则入。

《劝学》

非我而当者，吾师也；
是我而当者，吾友也；
谄谀我者，吾贼也。

《修身》

---

人无礼则不生，
事无礼则不成，
国家无礼则不宁。

《修身》

---

道虽迩，不行不至；
事虽小，不为不成。

《修身》

与时屈伸，
柔从若蒲苇，
非慑怯也；
刚强猛毅，
靡所不信，
非骄暴也；
以义变应，
知当曲直故也。

《不苟》

君子崇人之德，
扬人之美，非谄也；
正义直指，举人之过，非毁疵也。

《不苟》

见其可欲也，
则必前后虑其可恶也者；
见其可利也，
则必前后虑其可害也者，
而兼权之，孰计之，
然后定其欲恶取舍。

《不苟》

---

公生明，偏生暗，
端悫①生通，诈伪生塞，
诚信生神，夸诞生惑。

《不苟》

---

① 端悫（què）：端庄诚实。

先义而后利者荣，
先利而后义者辱。
《荣辱》

————————

与人善言，
暖于布帛；
伤人之言，
深于矛戟。
《荣辱》

————————

短绠不可以汲深井之泉，
知不几者不可与及圣人之言。
《荣辱》

人之生固小人，
无师无法则唯利之见耳。①

《荣辱》

————————

赠人以言，
重于金石珠玉；
劝人以言，
美于黼黻②文章；
听人以言，
乐于钟鼓琴瑟。

《非相》

————————————

① 译：人的本性充满了小人的欲求，如果没有教育、没有法令，
　　只能看到利益。

② 黼黻（fǔ fú）：泛指衣服上所绣的华美纹饰。

度己以绳，
故足以为天下法则矣；
接人用枻，
故能宽容，
因众以成天下之大事矣。①

《非相》

言而当，知也；
默而当，亦知也，
故知默犹知言也。②

《非十二子》

① 绳：准绳。枻：船桨，引申为正确的方法引导。
② 译：讲话恰当是智，沉默恰当也是智，所以懂得恰当的沉默
正如同懂得言谈。

箴 言

不知则问，不能则学，
虽能必让，然后为德。

《非十二子》

不诱于誉，
不恐于诽，
率道而行，
端然正己，
不为物倾侧，
夫是之谓诚君子。

《非十二子》

一天下，财万物，
长养人民，兼利天下。

《非十二子》

佚而不惰，
劳而不僈，
宗原应变。<sup>①</sup>

《非十二子》

---

福事至则和而理，
祸事至则静而理。
富则广施，
贫则用节。

《仲尼》

---

① 译：安逸而不懒惰，劳累而不懈怠，遵崇原则，适应变化。

勇而好同，必胜；
知而好谦，必贤。

《仲尼》

————————

知者之举事也，
满则虑嗛①，
平则虑险，
安则虑危，
曲重其豫，
犹恐及其祸，
是以百举而不陷也。

《仲尼》

————————————

① 嗛：歉，不足。

凡事行，
有益于理者，
立之；
无益于理者，废之。
《儒效》

———————

不闻不若闻之，闻之不若见之，
见之不若知之，知之不若行之。
《儒效》

———————

有师法者，人之大宝也；
无师法者，人之大殃也。
《儒效》

言必当理，
事必当务。
《儒郊》

———————

彼求之而后得，为之而后成，
积之而后高，尽之而后圣，
故圣人也者，人之所积也。
《儒效》

———————

分均则不偏，
势齐则不壹，
众齐则不使。
《王制》

人生不能无群，
群而无分则争，
争则乱，乱则离，
离则弱，
弱则不能胜物。

《王制》

————————

职而不通，
则职之所不及者必坠。①

《王制》

————————————

① 译：职权范围内不能进行沟通协作，那么职权所达不到的方
  面必然会出现漏洞。

有法者以法行，
无法者以类举。

《王制》

---

君者，舟也；
庶人者，水也。
水则载舟，水则覆舟。

《王制》

---

不爱而用之，
不如爱而后用之之功也。

《富国》

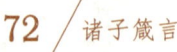

田野荒而仓廪实，
百姓虚而府库满，
夫是之谓国蹶。

《富国》

_____

不能治近，
又务治远；
不能察明，
又务见幽；
不能当一，
又务正百，
是悖者也。

《王霸》

法不能独立，类不能自行；
得其人则存，失其人则亡。

《君道》

论德而定次，
量能而授官，
皆使人载其事，
而各得其所宜。

《君道》

公道达而私门塞矣，
公义明而私事息矣。

《君道》

上好权谋，

则臣下百吏诞诈之人乘是①而后欺；

上好曲私，

则臣下百吏乘是而后②偏；

上好覆倾，

则臣下百吏乘是而后险；

上好贪利，

则臣下百吏乘是而后丰取刻与，

以无度取于民。

《君道》

---

① 乘是：乘机。

② 后：跟着。

川渊深而鱼鳖归之，
山林茂而禽兽归之，
刑政平而百姓归之，
礼义备而君子归之。

《致士》

积微，
月不胜日，时不胜月，岁不胜时。
凡人好傲慢小事，
大事至然后兴之务之，
如是则常不胜夫敦比于小事者矣。

《强国》

爱民而安，
好士而荣，
两者无一焉而亡。
《强国》

———————

天有其时，
地有其财，
人有其治，
夫是之谓能参。
舍其所以参，
而愿其所参，则惑矣。①
《天伦》

———————————

① 能参：参与治理。愿：依赖。

大巧在所不为，
大智在所不虑。

《天伦》

————

天有常道矣，
地有常数矣，
君子有常体矣。
君子道其常，
而小人计其功。①

《天论》

————

① 道：规律。数：定数。体：体例规范。功：功利。

绳墨诚陈矣，
则不可欺以曲直；
衡诚悬矣，
则不可欺以轻重；
规矩诚设矣，
则不可欺以方圆；
君子审于礼，
则不可欺以诈伪。

《礼论》

敬始而慎终，终始如一，
是君子之道，礼义之文也。

《礼论》

生而有欲，
欲而不得，
则不能无求。
求而无度量分界，
则不能不争；
争则乱，乱则穷。
《礼伦》

礼者，断长续短，
损有余，益不足，
达爱敬之文，
而滋①成行义之美者也。
《礼论》

---

① 滋：培养。

凡人之患，
蔽于一曲，
而闇于大理。①

《解蔽》

凡观物有疑，
中心不定，
则外物不清。
吾虑不清，
未可定然否也。

《解蔽》

---

① 译：所有人的通病，在于被一个局部的见识所蒙蔽，而对于
整体的道理却糊涂。

心知道，
然后可道；
可道然后守道以禁非道。
以其可道之心取人，
则合于道人，
而不合于不道之人矣。

《解蔽》

———

人生而有知，
知而有志。

《解蔽》

性者，天之就也；
情者，性之质也；
欲者，情之应也。

《正名》

权不正，
则祸托于欲，
而人以为福；
福托于恶，
而人以为祸；
此亦人所以惑于祸福也。

《正名》

欲过之而动不及，
心止之也。
心之所可中理，
则欲虽多，
奚伤于治？①

《正名》

---

人之性恶，
其善者伪也。②

《性恶》

---

① 译：欲望超过了对生死的选择，那么行动就迟缓了，因为心控制了欲望。如果内心所肯定的合乎道理，那么欲望即使很多，对于国家的安定又有何伤害？

② 译：人的本性是丑恶的，那美好善良是后天人为的。

今人之性恶，
必将待师法然后正，
得礼义然后治。
《性恶》

———————

口能言之，
身能行之，国宝也。
口不能言，
身能行之，国器也。
口能言之，
身不能行，国用也。
口言善，
身行恶，国妖也。
《大略》

先事虑事，先患虑患。
先事虑事谓之接，接则事优成。
先患虑患谓之豫，豫则祸不生。
《大略》

———

君子之于子，
爱之而勿面，
使之而勿貌，
导之以道而勿强。①
《大略》

————————

① 译：君子对自己的子女，疼爱他们但不要流露在脸色表情上，
使唤他们但不要表现在外表上，用道理开导他们但不要强制
压服。

义胜利者为治世，
利克义者为乱世。①

《大略》

天之生民，非为君也；
天之立君，以为民也。

《大略》

善学者尽其理，
善行者究其难。

《大略》

① 译：义超过利的时代是安定的时代，利超过义的时代是混乱
的时代。

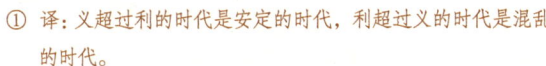

人之于文学也，
犹玉之于琢磨也。

《大略》

————

君子疑则不言，
未问则不言，
道远日益矣。①

《大略》

————

多知而无亲，博学而无方，
好多而无定者，君子不与。

《大略》

————

① 道远：道路长远。日益：（知识）一天天增加。

少不讽诵，
壮不论议，
虽可，未成也。①
《大略》

———————

国将兴，
必贵师而重傅；
贵师而重傅，
则法度存。
《大略》

———————

① 译：年少时不肯认真学习，到壮年时必不能研讨事理发表见
　解，即使可以讲一点，但也不会有什么成就。

学者非必为仕，
而仕者必如学。
《大略》

友者，所以相有①也。
道不同，何以相有也？
《大略》

知者明于事，
达于数，不可以不诚事也。
《大略》

① 相有：互相分享、交流。

流言止于知者。

《大略》

—————

无用吾之所短遇人之所长，
故塞而避所短，移而从所仕。

《大略》

—————

无身不善而怨人，
无刑已至而呼天。①

《法行》

---

① 译：不要自身不美好反而去责怪别人，不要已经受到刑罚才
呼喊上天救助。

君子能无以利害义，
则耻辱亦无由至矣。

《法行》

少而不学，
长无能也；
老而不教，
死无思也；
有而不施，
穷无与也。①

《法行》

————————————

① 译：年轻时如不学习，到年长便没有能力；年老时如不对人
教诲，死后便没有人怀念；富有时如不对人施舍，到自己处
于困境便没人相助。

且夫芷兰生于深林，
非以无人而不芳。
君子之学，
非为通也，
为穷而不困，
忧而意不衰也，
知祸福终始而心不惑也。

《宥坐》

《中庸》是《礼记》中的一篇，一般认为它出于孔子的孙子子思之手。《中庸》是儒家阐述"中庸之道"，并提出人性修养的教育理论著作。"中庸之道"的主题思想是教育人们自觉地进行自我修养、自我监督、自我教育、自我完善，把自己培养成为具有理想人格，达到至善、至仁、至诚、至道、至德、至圣、合外内之道的理想人物，共创"致中和，天地位焉，万物育焉"的"太平和合"境界。中庸，以"过犹不及"为核心，做人处事追求适量、守度、得当，不偏不倚为宜，越位和缺位都不合适。

---

喜怒哀乐之未发，
谓之中；
发而皆中节，
谓之和。
《第一章》

# 《中庸》
# 箴言

孔伋 著

诸　子
箴言

天命之谓性，
率性之谓道，
修道之谓教。①

《第一章》

---

致中和，
天地位焉，
万物育焉。

《第一章》

---

君子慎其独。②

《第一章》

---

① 译：人的自然禀赋就是为人的本性，顺着人类本性行事就算
　　是有道，按照道的原则修养身心才算是正确的教育。
② 译：品德高尚的人在一人独处的时候也是谨慎的。

喜怒哀乐之未发，
谓之中；
发而皆中节，
谓之和。
中也者，天下之大本也；
和也者，天下之达道也。
《第一章》

隐恶而扬善。
执其两端，
用其中于民。①
《第六章》

---

① 译：隐藏人家的坏处，宣扬人家的好处。过与不及两端的意
见都掌握，采纳适中的用于老百姓。

君子遵道而行，
半途而废，
吾弗能已矣。①

《第十一章》

忠恕违道不远，
施诸己而不愿，
亦勿施于人。

《第十三章》

---

① 译：按照中庸之道去做，虽有的人半途而废，不能坚持下去，
但我是绝不会停止的。

道不远人。
人之为道而远人，
不可以为道。①
《第十三章》

在上位，不陵下；
在下位，不援上。
正己而不求于人则无怨。
上不怨天，下不尤人。②
《第十四章》

① 译：道并不排斥人。如果有人实行道却排斥他人，那就不可
　 以实行道了。
② 陵：欺侮。援：攀援。尤：抱怨。

君子之道，
辟如行远必自迩；
辟如登高必自卑。①

《第十五章》

—————

天之生物，
必因其材而笃焉。
故栽者培之，
倾者覆之。②

《第十七章》

———————————————

① 译：君子实行中庸之道，就像走远路一样，必定要从近处开始；
　　就像登高山一样，必定要从低处起步。

② 译：上天生养万物，必定根据它们的资质而厚待它们。能成
　　材的得到培育，不能成材的就遭到淘汰。

为政在人，取人以身①，
修身以道，修道以仁。
《第二十章》

知耻近乎勇。
《第二十章》

人一能之，
己百之；
人十能之，
己千之。②
《第二十章》

① 人：得到人才。身：修养自身。
② 译：别人用一分努力就能做到的，我用一百分的努力去做；
　　别人用十分的努力做到的，我用一千分的努力去做。

诚者，天之道也；
诚之者，人之道也。
凡事豫则立，不豫则废。

《第二十章》

自诚明，
谓之性；
自明诚，
谓之教。
诚则明矣，
明则诚矣。

《第二十一章》

唯天下至诚，
为能尽其性；
能尽其性，
则能尽人之性；
能尽人之性，
则能尽物之性；
能尽物之性，
则可以赞天地之化育；
可以赞天地之化育，
则可以与天地参矣。①

《第二十二章》

① 尽其性：充分发挥本性。赞：赞助。化育：化生和养育。天地参：
与天地并列为三。

诚者，
物之终始，
不诚无物。
是故君子诚之为贵。

《第二十五章》

博厚，
所以载物也；
高明，
所以覆物也；
悠久，
所以成物也。

《第二十六章》

君子尊德性而道问学，
致广大而尽精微，
极高明而道中庸。
《第二十七章》

君子动而世为天下道，
行而世为天下法，
言而世为天下则。
远之，则有望；
近之，则不厌。①
《第二十九章》

_____

① 道：先导。法：法度。则：准则。望：威望。

万物并育而不相害，
道并行而不相悖。

《第三十章》

唯天下至诚，
为能经纶天下之大经，
立天下之大本，
知天地之化育。

《第三十二章》

君子之道，
淡而不厌，
简而文，
温而理，
知远之近，
知风之自，
知微之显，
可与人德矣。①

《第三十三章》

---

① 译：君子的道，平淡而有意味，简略而有文采，温和而有条理，
由近知远，由风知源，由微知显，这样，就可以进入道德的
境界了。

《老子》用韵文写成的道家哲学著作。书分为八十一章，上下两篇，即《道篇》和《德篇》。因其后来被尊为道教经典，故又称《道德经》。老子哲学的核心思想是"道生万物"的宇宙生成说，把宇宙看成一个自然产生、自然演变的过程，天地万物是依照自然规律发展变化的，而"道"是世界的本源。老子哲学的精髓是他的朴素辩证法思想，认为天地万物都是相反相成的。矛盾双方相互依存，互为条件。还提出对立面双方可以互相转化，事物总要走向它的反面。为了防止走向反面，他主张要把自己放在弱者地位，认为"柔弱胜刚强"。在政治思想上，老子主张"无为"，认为只有无为才能无不为，反映了当时统治者的无力，企图缓和尖锐的社会矛盾。

---

道生一，一生二，二生三，三生万物。
万物负阴而抱阳，生气以为和。
《第三十六章》

# 《老子》
# 箴言

李耳 著

诸 子
箴言

108-131
《老子》
箴言

道可道，非常道。
名可名，非常名。①
《第一章》

有无相生，难易相成，
长短相形，高下相倾，
音声相和，前后相随。
《第二章》

处无为之事，
行不言之教。
《第二章》

---

① 译：道，如果可以说尽，就不是永恒的道。名，如果可以根
据现成的概念命名，就不是不变的名。

天地所以能长且久者，
以其不自生，
故能长生。①

《第七章》

---

圣人后其身而身先，
外其身而身存。
非以其无私邪！
故能成其私。②

《第七章》

---

① 译：天地所以能长久存在，是因为它们不为了自己的生存而
　　自然地运行着，所以能够长久生存。

② 译：圣贤之人将自己置于度外，反而能保全自身生存。这不
　　正是因为他无私吗？所以能成就他的自身。

上善若水。
水善利万物而不争，
处众人之所恶，
故几于道。

《第八章》

金玉满堂莫之能守；
富贵而骄，
自遗其咎。

《第九章》

有之以为利，
无之以为用。①

《第十一章》

五色令人目盲；
五音令人耳聋；
五味令人口爽；
驰骋畋猎，令人心发狂；
难得之货，令人行妨。
是以圣人为腹不为目，
故去彼取此。

《第十二章》

————————————

① 译："有"给人以便利，"无"发挥了它的作用。

致虚极，
守静笃。
万物并作，
吾以观复。①

《第十六章》

信不足焉，
有不信焉。②

《第十七章》

见素抱朴，少私寡欲。

《第十九章》

---

① 译：尽力使心灵的虚寂达到极点，使生活清静坚守不变。
　万物都一齐蓬勃生长，我从而考察其往复的道理。
② 译：统治者对老百姓不信任，老百姓对统治者也就不信任。

夫唯不争，
故天下莫能与之争。

《第二十二章》

曲则全，枉则直，
洼则盈，敝则新，
少则得，多则惑。
是以圣人抱一为天下式。①

《第二十二章》

飘风不终朝，
骤雨不终日。

《第二十三章》

---

① 抱一：守道。式：范式，法式。

自见者不明，
自是者不彰，
自伐者无功，
自矜者不长。①
《第二十四章》

———————

人法②地，
地法天，
天法道，
道法自然。
《第二十五章》

———————————

① 译：经常自我表现反而名声不大，经常自我夸耀反而没有功
　　劳，自以为高大反而不能被认可并尊重。
② 法：效法。

善行无辙迹，
善言无瑕谪，
善数不用筹策，
善闭无关楗而不可开，
善结无绳约而不可解。
《第二十七章》

善人者不善人之师，
不善人者善人之资。①
《第二十七章》

圣人去甚、去奢、去泰。
《第二十九章》

———————————

① 译：善人可以做不善人的老师，不善人可以成为善人的借鉴。

师之所处，荆棘生焉。
军之后必有凶年。

《第三十章》

————

物壮则老，
是谓不道，
不道早已。①

《第三十章》

————

知止可以不殆②。

《第三十二章》

————

① 译：事物壮大了就衰老，是由于不合于道的结果，不合于道
　　必然很快灭亡。
② 殆：危殆。

知人者智，
自知者明。
胜人者有力，
自胜者强。
知足者富。
强行者有志。
不失其所者久。
《第三十三章》

以其终不自为大，
故能成其大。
《第三十四章》

柔弱胜刚强。
《第三十六章》

将欲弱之，必固①强之。
将欲废之，必固兴之。
将欲取之，必固与之。
《第三十六章》

鱼不可脱於渊，
国之利器不可以示人。
《第三十六章》

道常无为而无不为。
《第三十七章》

————————————

① 必固：必先。

贵以贱为本，
高以下为基。
《第三十九章》

————

反者道之动，
弱者道之用。
天下万物生于有，
有生于无。①
《第四十章》

————

大方无隅，大器晚成，
大音希声，大象无形。
《第四十一章》

————————

① 反：通"返"，循环往复。

物或损之而益，
或益之而损。

《第四十二章》

———————

天下之至柔，
驰骋天下之至坚。

《第四十三章》

———————

甚爱必大费，
多藏必厚亡。
故知足不辱，
知止不殆，
可以长久。

《第四十四章》

静胜躁，寒胜热，
清静为天下正。
《第四十五章》

大直若屈，
大巧若拙，
大辩若讷。
《第四十五章》

祸莫大于不知足，
咎莫大于欲得。
故知足之足，常足矣。
《第四十六章》

为学日益，为道日损。
损之又损，以至于无为。
无为而无不为。
圣人无常心，
以百姓心为心。

《第四十九章》

以正治国，
以奇用兵，
以无事取天下。

《第五十七章》

天下多忌讳而民弥贫。①
《第五十七章》

———

圣人方而不割，
廉而不刿，
直而不肆，
光而不耀。②
《第五十八章》

———

祸兮，福之所倚；
福兮，祸之所伏。
《第五十八章》

① 译：天下的禁忌越多，人民越穷困。
② 廉而不刿：有棱角却不刺伤人。肆：放肆。

美言可以市尊，
美行可以加人。①

《第六十二章》

轻诺必寡信，
多易必多难。

《第六十三章》

图难于其易，为大于其细。
天下难事，必作于易；
天下大事，必作于细。

《第六十三章》

———————————

① 译：美好的言语可以赢得他人的尊敬，良好的行为可以被人
重视。

合抱之木，生于毫末；
九层之台，起于累土；
千里之行，始于足下。

《第六十四章》

江海之所以能为百谷王者，
以其善下之，
故能为百谷王。

《第六十六章》

祸莫大于轻敌。

《第六十九章》

善战者不怒，
善胜敌者不与，
善用人者为之下。
《第六十八章》

民不畏威，
则大威至。①
《第七十二章》

圣人自知不自见，
自爱不自贵。
《第七十二章》

_____

① 译：老百姓不害怕威胁，那么可怕的事情就会到来。

天网恢恢，
疏而不失。
《第七十三章》

民不畏死，
奈何以死惧之？
《第七十四章》

坚强者死之徒，
柔弱者生之徒。
《第七十六章》

天之道，
损有余而补不足。
人之道，
则不然，
损不足以奉有余。

《第七十七章》

———

天下莫柔弱于水，
而攻坚强者莫之能胜，
以其无以易之。

《第七十八章》

弱之胜强，
柔之胜刚，
天下莫不知，
莫能行。
《第七十八章》

信言不美，
美言不信。
善者不辩，
辩者不善。
知者不博，
博者不知。
《第八十一章》

《庄子》是道家学派的言论著作总汇。庄子即庄周，是战国时期人。《庄子》内篇思想比较系统，文字风格也很一致，而外、杂篇内容则很丰富，但风格有了一些差别。内容思想接近《老子》，是道家的重要经典。庄周和老子同样认为上古时人性朴实，没有战争与争斗，生活安逸。所以应该抛弃礼乐，断绝仁义。《庄子》用很多寓言的形式来表达自己的哲学观点，同时也给后人留下了很多动人的故事。用艺术形象来阐明哲学道理，是《庄子》的一大特色。战国文章，普遍多假寓言、故事以说理，但仅仅作为比喻的材料，证明文章的观点。《庄子》不仅如此，从理论意识来说，庄子这一派本有"言不尽意"的看法，即逻辑的语言并不能充分地表达思想。

---

安时而处顺，
哀乐不能入也。
《养生主》

# 《庄子》
# 箴言

庄周 著

诸　子
箴言

且夫水之积也不厚，
则其负大舟也无力。
覆杯水于坳堂之上，
则芥为之舟；
置杯焉则胶，
水浅而舟大也。①

《逍遥游》

鹪鹩巢于深林，
不过一枝；
偃鼠饮河，
不过满腹。

《逍遥游》

---

① 坳堂：堂地上的洼坑。芥：小草。胶：粘住。

瞽者无以与乎文章之观，
聋者无以与乎钟鼓之声。

《逍遥游》

非彼无我，
非我无所取，
是亦近矣，
而不知其所为使。①

《齐物论》

类与不类，相与为类，
则与彼无以异矣。

《齐物论》

---

① 译：没有客体的彼，就没有主体的我；没有主体的我，客体
　的彼也就无法体现。

终身役役而不见其成功，
茶然<sup>①</sup>疲役而不知其所归，
可不哀邪！

《齐物论》

枢始得其环中，
以应无穷。
是亦一无穷，非亦一无穷也。

《齐物论》

方生方死，方死方生；
方可方不可，方不可方可。

《齐物论》

---

① 茶然：精神不振，疲倦之极。

天地与我并生，而万物与我为一。
《齐物论》

吾生也有涯，而知也无涯。
《养生主》

安时而处顺，哀乐不能入也。
《养生主》

凡交近则必相靡以信，
远则必忠之以言，
言必或传之。①
《人间世》

———————————————————

① 译：大凡国与国交往，邻近的国家必定是靠相互的信用往来
的，远道的国家一定是用忠实的语言来建立邦交的，忠实的
语言必会被广泛流传的。

諸子
箴言

夫道不欲杂。
杂则多，多则扰，
扰则忧，忧而不救。

《人间世》

---

绝迹易，
无行地难。
为人使易以伪，
为天使难以伪。①

《人间世》

---

① 译：不走路容易，走路不留痕迹困难；为人情所驱使容易造
假，为自然所驱使难以作弊。

人皆知有用之用，
而莫知无用之用也。
《人间世》

自其异者视之，肝胆楚越也；
自其同者视之，万物皆一也。
《德充符》

有人之形，
故群于人；
无人之情，
故是非不得于身。
《德充符》

平者，
水停之盛也。
其可以为法也，
内保之而外不荡也。
《德充符》

夫知有所待而后当，
其所待者特未定也。①
《大宗师》

死生，命也；
其有夜旦之常，天也。
《大宗师》

---

① 译：认识一定要有可反映的对象做为条件而后能断定是否正
　确。而作为认识所反映的对象的条件则是变化不定的。

莫逆于心，遂相与为友。

《大宗师》

泉涸，鱼相与处于陆，
相呴以湿，相濡以沫，
不如相忘于江湖。①

《大宗师》

天无私覆，地无私载，
天地岂私贫我哉？

《大宗师》

鱼相忘乎江湖，人相忘乎道术。

《大宗师》

① 呴：吐气。濡：湿润，沾湿。沫，吐沫。

汝游心于淡，合气于漠，
顺物自然而无容私焉，
而天下治矣。①

《应帝王》

夫圣人之治也，
治外乎？
正而后行，
确乎能其事者而已矣。

《应帝王》

① 淡：恬淡无为。漠：漠然无为。

长者不为有余，
短者不为不足。
是故凫胫虽短，
续之则忧；
鹤胫虽长，
断之则悲。

《骈拇》

————

不仁之人，
决性命之情而饕贵富。

《骈拇》

夫不自见而见彼，
不自得而得彼者，
是得人之得而不自得其得者也，
适人之适而不自适其适者也。

《骈拇》

————

素朴而民性得矣。①

《马蹄》

————

卑而不可不因②者，
民也。

《在宥》

————

① 译：自然素质不变即保持了人的本性。
② 因：依靠。

世俗之人，
皆喜人之同乎己
而恶人之异于己也。

《在宥》

天下皆知求其所不知，
而莫知求其所已知者；
皆知非其所不善，
而莫知非其所已善者，
是以大乱。

《胠箧》

无欲而天下足，
无为而万物化，
渊静而百姓定。

《天地》

机心存于胸中，
则纯白不备；
纯白不备，
则神生不定；
神生不定者，
道之所不载也。

《天地》

不拘一世之利以为己私分，
不以王天下为己处显。

《天地》

知其愚者，非大愚也；
知其惑者，非大惑也。
大惑者，终身不解；
大愚者，终身不灵。

《天地》

朴素而天下莫能与之争美。

《天道》

以虚静推于天地，
通于万物，此之谓天乐。

《天道》

万物化作，
萌区有状①；
盛衰之杀，
变化之流也。

《天道》

语之所贵者意也，
意有所随。

《天道》

---

① 萌区有状：万物萌生后区分为各种形状。

不徐不疾，
得之于手而应于心，
口不能言，
有数存焉于其间。
《天道》

夫至乐者，
先应之以人事，
顺之以天理，
行之以五德，
应之以自然，
然后调理四时，
大和万物。
《天运》

名誉之观，
不足以为广。

《天运》

名，
公器也，不可多取。

《天运》

夫恬淡寂寞，
虚无无为，
此天地之平而道德之质也。

《刻意》

静而与阴同德，
动而与阳同波。
《刻意》

———————

形劳而不休则弊，
精用而不已则劳，劳则竭。
《刻意》

———————

纯粹而不杂，
精一而不变，
淡而无为，
动而以天行，
此养神之道也。
《刻意》

纯素之道，唯神是守；
守而勿失，与神为一；
一之精通，合于天伦。
《刻意》

大知观于远近，
故小而不寡，
大而不多，知量无穷。
《秋水》

自细视大者不尽，
自大视细者不明。
《秋水》

可以言论者，
物之粗也；
可以意致者，
物之精也。
言之所不能论，
意之所不能察致者，
不期精粗焉。

《秋水》

————————

以道观之，物无贵贱。
以物观之，自贵而相贱；
以俗观之，贵贱不在己。

《秋水》

以差观之，
因其所大而大之，
则万物莫不大；
因其所小而小之，
则万物莫不小。

*《秋水》*

---

知道者必达于理，
达于理者必明于权，
明于权者不以物害己。

*《秋水》*

凡外重者内拙。①

《达生》

---

达生之情者，

不务生之所无以为；

达命之情者，

不务知之所无奈何。②

《达生》

---

用志不分，乃凝于神。

《达生》

---

① 译：凡是注重身外之物，内心必然笨拙。

② 译：通达生命实情的人，不努力去做无法做到的事；通达命
运实情的人，不努力去智力所不能达到的领域。

以利合者，迫穷祸患害相弃也；
以天属者，迫穷祸患害相收也。

《达生》

人之所取畏者，
衽席之上，饮食之间，
而不知为之戒者，过也！

《达生》

知忘是非，心之适也；
不内变，不外从，事会之适也。

《达生》

君子之交淡若水，
小人之交甘若醴。
君子淡以亲，小人甘以绝，
彼无故以合者，则无故以离。
《山木》

———————

直木先伐，
甘井先竭。
《山木》

———————

人生天地之间，
若白驹之过隙，
忽然而已。
《知北游》

天地有大美而不言，
四时有明法而不议，
万物有成理而不说。
《知北游》

———————

圣人处物不伤物。
不伤物者，
物亦不能伤也。
《知北游》

———————

正则静，静则明，
明则虚，
虚者无为而无不为也。
《庚桑楚》

欲静则平气，
欲神则顺心。

《庚桑楚》

天地之养也一，
登高不可以为长，
居下不可以为短。

《徐无鬼》

鸱目有所适，
鹤胫有所节，
解之也悲。

《徐无鬼》

夫民，不难聚也；
爱之则亲，利之则至，
誉之则劝，致其所恶则散。

《徐无鬼》

羊肉不慕蚁，
蚁慕羊肉，羊肉膻也。

《徐无鬼》

人之于知也少，
虽少，
恃其所不知而后知天之所谓也。

《徐无鬼》

其解之也似不解之者，
其知之也似不知之也，
不知而后知之。
《徐无鬼》

以不惑解惑，
复于不惑，
是尚大不惑。
《徐无鬼》

丘山积卑而为高，
江河合水而为大，
大小合并而为公。
《则阳》

无财谓之贫，
学而不能行谓之病。

《让王》

日出而作，
日入而息，
逍遥于天地之间而心意自得。

《让王》

能尊生者，
虽贵富不以养伤身，
虽贫贱不以利累形。

《让王》

凡圣人之动作也，
必察其所以之与其所以为。

《让王》

养志者忘形，
养形者忘利，
致道者忘心。

《让王》

知足者，不以利自累也；
审自得者，失之而不惧；
行修于内者，无位而不怍。

《让王》

君子通于道之谓通，
穷于道之谓穷。

《让王》

---

不以人之坏自成也，
不以人之卑自高也，
不以遭时自利也。

《让王》

---

好面誉人者，
亦好背而毁之。

《盗跖》

无行则不信，
不信则不任，
不任则不利。①

《盗跖》

势为天子，
未必贵也；
穷为匹夫，
未必贱也；
贵贱之分，
在行之美恶。

《盗跖》

---

① 译：没有德行就不会取信于人，不能取信于人就不能被任用，
  不能被任用就不会得到利禄。

势为天子而不以贵骄人，
富有天下而不以财戏人。

《盗跖》

---

苦心劳形，
以危其真！

《渔父》

---

真者，
精诚之至也。
不精不诚，不能动人。

《渔父》

真悲无声而哀，
真怒未发而威，
真亲未笑而和。
《渔父》

为事逆之则败，
顺之则成。
《渔父》

夫造物者之报人也，
不报其人而报其人之天。①
《列御寇》

① 译：造物者赋予人的东西，不是行为，而是天性。

施于人而不忘，
非天布①也。

《列御寇》

千金之珠，
必在九重之渊而骊龙颔下。

《列御寇》

无藏也故有余，
岿然而有余。②

《天下》

---

① 天布：自然天性。
② 译：无贮藏自然也就有余了，独立无求也就富足有余了。

独与天地精神往来，
而不敖倪于万物，
不谴是非，
以与世俗处。
《天下》

———

能胜人之口，
不能服人之心，
辩者之囿也。
《天下》

———

常宽容于物，
不削于人，可谓至极。
《天下》

《列子》又名《冲虚经》，是道家重要典籍。列御寇所著，所著年代不详，大体是春秋战国时代。该书每一篇均由多个寓言故事组成，寓道于事。《列子》里面的先秦寓言故事和神话传说中不乏有教益的作品。如《列子学射》、《纪昌学射》和《薛谭学讴》三个故事分别告诉我们：在学习上，不但要知其然，还要知其所以然；真正的本领是从勤学苦练中得来的；知识技能是没有尽头的，不能只学到一点就满足了。又如《承蜩犹掇》告诉我们：曲背老人捕蝉的如神技艺源于他的勤学苦练；还有情节更离奇的《妻不识夫》说明一个人是可以移心易性的。列子还主张应摆脱人世间贵贱、名利的羁绊，顺应大道，淡泊名利，清静修道。

---

教化者不能违所宜，
宜定者不出所位。
《黄帝》

# 《列子》
# 箴 言

列御寇 著

诸 子
箴 言

生者不能不生，
化者不能不化，
故常生常化。①
常生常化者，
无时不生，无时不化。

《天瑞》

往复其际不可终，
疑独其道不可穷。②

《天瑞》

---

① 译：生产万物的不能不生产，造化万物的不得不造化，所以
　　事物经常产生，经常变化。
② 译：循环往复，它的边际没有终结；独立永存，它的规律不
　　可穷尽。

天地无全功，
圣人无全能，
万物无全用。

《天瑞》

夫天地，
空中之一细物，有中之最巨者。①

《天瑞》

天地万物不相离也；
仞②而有之，皆惑也。

《天瑞》

---

① 译：天地在无限空间只是一个细微的物体，而在有限的事物
中却是最为巨大的东西。
② 仞：占有，据为己有。

至道不可以情求矣。①

《黄帝》

————————

壹其性，
养其气，
含其德，
以通乎物之所造。

《黄帝》

————————

积于柔必刚，
积于弱必强。

《黄帝》

————————————

① 译：最高深的道是不能依靠普通的情理去求得的。

天下有常胜之道，
有不常胜之道。
常胜之道曰柔，
常不胜之道曰强。

《黄帝》

夫至信之人，可以感物也。

《黄帝》

先不己若者，
至于若己，则殆矣；
先出于己者，亡所殆矣。<sup>①</sup>

《黄帝》

---

① 译：外界的事物不如自己，待到它同自己相当了，那就危险啦；
外界事物都超过自己，便没有什么危险了。

教化者不能违所宜，
宜定者不出所位。

《黄帝》

———————

禽兽之智有自然与人同者，
其齐欲摄生，
亦不假智于人也。

《黄帝》

———————

不识感变之所起者，
事至则惑其所由然；
识感变之所起者，
事至则知其所由然。
知其所由然，则无所怛。

《周穆王》

乐天知命故不忧。

《仲尼》

---

有易于内者无难于外。

《仲尼》

---

无乐无知，是真乐真知；
故无所不乐，无所不知，
无所不忧，无所不为。

《仲尼》

---

外游者，求备于物；
内观者，取足于身。

《仲尼》

人欲见其所不见，视人所不窥；
欲得其所不得，修人所不为。
《仲尼》

人之巧，
乃可与造化者同功乎。①
《汤问》

均，
天下之至理也，
连于形物亦然。
《汤问》

---

① 造化者：指天地，大自然。

当死不惧，
在穷不戚，
知命安时也。
《力命》

———

枉直随形而不在影，
屈申任物而不在我。
《说符》

———

见出以知入，
观往以知来，
此其所以先知之理也。
《说符》

大道以多歧亡羊，
学者以多方丧生。

《说符》

———

凡人有术不能行者有矣，
能行而无其术者亦有矣。①

《说符》

———

天下理无常是，
事无常非。
先日所用，今或弃之；
今之所弃，后或用之。

《说符》

————————————————

① 译：大凡掌握道术但不能实行的人是有的，能够实行但不懂
道术的人也是有的。

得时者昌，失时者亡。

《说符》

———————

圣人不察存亡，
而察其所以然。

《说符》

———————

言美则响①美，
言恶则响恶。

《说符》

———————

将治大者不治细，
成大功者不成小。

《杨朱》

————————————

① 响：反响。

《韩非子》，战国时期法家韩非的著作总集，又称《韩子》。该书在韩非生前即已流传。韩非是先秦法家思想的集大成者，他总结了商鞅、申不害和慎到三家的思想，提出了一套法、术、势相结合的法治理论。认为君主应凭借权力和威势以及一整套驾驭臣下的权术，保证法令的贯彻执行，以巩固君主的地位。他还继承了荀子的人性恶说，主张治国以刑、赏为本。认为时代不断发展进步，社会生活和政治制度都要发生变化，复古的主张是行不通的。

---

循名实而定是非，
因参验而审言辞。
《奸劫弑臣》

# 《韩非子》

# 箴 言

韩非 著

诸 子
箴言

以乱攻治者亡，
以邪攻正者亡，
以逆攻顺者亡。

《初见秦》

言赏则不与，
言罚则不行，
赏罚不信，
故士民不死也。

《初见秦》

守始以知万物之源，
治纪以知善败之端。

《主道》

君无见其所欲，
君见其所欲，
臣自将雕琢；
君无见其意，
君见其意，
臣将自表异。①

《主道》

———————

至言忤于耳而倒于心，
非贤圣莫能听。

《难言》

———————

① 译：君主不要显露他的欲望，君主显露他的欲望，臣下将自
我粉饰；君主不要显露他的意图，君主显露他的意图，臣下
将自我伪装。

法不信，则君行危矣；
刑不断，则邪不胜矣。

《有度》

————

明主使法择人，
不自举也；
使法量功，不自度也。

《有度》

————

贵贱不相逾，
愚智提衡而立，
治之至也。

《有度》

奉<sup>①</sup>法者强，
则国强；
奉法者弱，
则国弱。

《有度》

能去私曲就公法者，
民安而国治；
能去私行行公法者，
则兵强而敌弱。

《有度》

---

① 奉：执行。

不游意于法之外，
不为惠于法之内，
动无非法。①
《有度》

刑过不避大臣，
赏善不遗匹夫。
《有度》

事以密成，
语以泄败。
《说难》

——————————

① 译：不在法律之外乱打主意，在法令规定的范围内谋求利益，
举动没有不合法的。

功当其事，
事当其言，则赏；
功不当其事，
事不当其言，则罚。

《二柄》

君见恶，则群臣匿端；
君见好，则群臣诬能。

《二柄》

名正物定，
名倚物徙。①

《扬权》

———————

① 译：名分恰当，事情就能确定；名分偏颇，事情就会走样。

智术之士，
必远见而明察，
不明察，不能烛私；
能法之士，
必强毅而劲直，
不劲直，不能矫奸。

《孤愤》

循名实而定是非，
因参验而审言辞。

《奸劫弑臣》

官职之劳废，
贵私行而贱公功者，可亡也。

《亡征》

木之折也必通蠹，
墙之坏也必通隙。
然木虽蠹，
无疾风不折；
墙虽隙，
无大雨不坏。

《亡征》

―――――――

辞辩而不法，
心智而无术，
主多能而不以法度从事者，
可亡也。

《亡征》

明王不举不参之事，
不食非常之食。
《备内》

悬衡而知平，
设规而知圆，万全之道也。
《饰邪》

用赏过者失民，
用刑过者民不畏。
《饰邪》

家有常业，虽饥不饿；
国有常法，虽危不亡。
《饰邪》

人主使人臣虽有智能，
不得背法而专制；
虽有贤行，
不得逾功而先劳，
虽有忠信，
不得释法而不禁，
此之谓明法。

《南面》

千丈之堤，
以蝼蚁之穴溃；
百步之室，
以突隙之烟焚。

《喻老》

智如目也，
能见百步之外而不能自见其睫。

《喻老》

失火而取海水于海，
海水虽多，火必不灭矣，
远水不救近火也。

《说林上》

以人言善我，
必以人言罪我。

《说林上》

## 《韩非子》箴言

巧诈不如拙诚。

《说林上》

行贤而自贤之心，
焉往而不美。①

《说林上》

见微以知萌，见端以知末。

《说林上》

势不便，
非所以逞能也。

《说林下》

---

① 译：做了好事，要去掉自以为好事的想法，到哪儿能不受到
赞美呢？

巫咸虽善祝，
不能自祓也。①

《说林下》

目失镜，则无以正须眉；
身失道，则无以知迷惑。

《观行》

安危在是非，不在于强弱。
存亡在虚实，不在于众寡。

《安危》

---

① 译：巫咸虽然善于祷告，却不能拔除自己的灾祸。

循法而治，望表而动，
随绳而断，因攒而缝。
《用人》

君人者能去贤巧之所不能，
守中拙之所万不失，
则人力尽而功名立。
《用人》

发矢中的，赏罚当符。
《用人》

右手画圆，左手画方，
不能两成。
《功名》

人有余力易于应，
而技有余巧便于事。

*《功名》*

———

天下一力以共载之，
故安；
众同心以共立之，
故尊。

*《功名》*

———

一手独拍，
虽疾无声。

*《功名》*

寄治乱于法术，
托是非于赏罚，
属轻重于权衡；
不逆天理，
不伤情性；
不吹毛而求小疵，
不洗垢而察难知。

《大体》

利莫长乎简，
福莫久于安。

《大体》

诸子箴言

君子不蔽人之美，
不言人之恶。
《内储说上七术》

———

日兼烛天下，
一物不能当也。
《内储说上七术》

———

夫慈者不忍，
而惠者好予也。
不忍则不诛有过，
好予则不待有功而赏，
有过不罪，无功受赏。
《内储说上七术》

权势不可以借人。

《内储说下六微》

---

利之所在民归之，
名之所彰士死之。

《外储说左上》

---

树橘柚者，
食之则甘，
嗅之则香；
树枳棘者，
成而刺人，
故君子慎所树。

《外储说左上》

赏罚不信，
则禁令不行。

《外储说左上》

法者见功而与赏，
因能而受官。

《外储说左上》

外举不避仇，
内举不避子。

《外储说左上》

私仇不入公门。

《外储说左上》

良药苦于口，
而智者劝而饮之，
知其人而已<sup>①</sup>己疾也。
《外储说左上》

信赏以尽能，必罚以禁邪，
虽有骏行，必得所利。
《外储说左上》

私行胜则少公功。
利所禁，禁所利，
虽神不行。
《外储说左下》

————————————

① 已：制止。

治强生于法，
弱乱生于阿。
爵禄生于功，
诛罚生于罪。

《外储说右下》

———

因事之理则不劳而成。

《外储说右下》

———

明主治吏不治民。

《外储说右下》

以诈遇民，
偷取一时，
后必无复。①
《难一》

以子之矛，
攻子之盾。
《难一》

不以小功妨大务，
不以私欲害人事。
《难二》

---

① 田：打猎。偷取：猎取，得到。

赏无功则民偷幸而望于上，
不诛过则民不惩而易为非。①

《难二》

---

民知诛罚之皆起于身也，
故习功利于业，
而不受赐于君。

《难三》

---

以势乱天下者多矣，
以势治天下者寡矣。

《难势》

---

① 译：赏赐无功的人，民众就会侥幸地希望从君主那里获得意
外的赏赐；不惩罚有罪的人，民众不受惩罚就容易为非作歹。

夫势者，
名一而变无数者也。

《难势》

抱法处势则治，
背法去势则乱。

《难势》

君无术则弊于上，
臣无法则乱于下。

《定法》

废置无度则权渎，
赏罚下共则威分。

《八经》

凡治天下，
必因人情。
人情者，
有好恶，
故赏罚可用；
赏罚可用则禁令可立而治道具矣。

《八经》

————

听不参则无以责下，
言不督乎用则邪说当上。

《八经》

法之为道，
前苦而长利；
仁之为道，
偷乐而后穷。

《六反》

————————

侈而惰者贫，
而力而俭者富。

《显学》

计功而行赏，
程能而授事，
察端而观失，
有过者罪，
有能者得，
故愚者不任事。

《八说》

法已定矣，
不以善言售法。①

《饬令》

---

① 译：法令既经确定，就不要因为善良言论来损害法令。

所以治者法也，
所以乱者私也。
法立，
则莫得为私矣。
《诡使》

———————

世异则事异，
事异则备变。
《五蠹》

《商子》也称《商君书》，战国时商鞅及其后学的著作汇编，是法家学派的代表作之一。《商君书》的大多数篇章都涉及军事，其主要的军事思想：一是积极主张战争。它认为战国时代是武力征伐的时代，在这个特殊的历史条件下，战争直接关系到国家的生死存亡，要立足天下，称王称霸，就必须从事战争。二是农战结合。认为农耕为攻战之本，因为农业生产不仅为战争提供物质基础，而且人民致力于农耕，才会安土重居，从而为保卫国土而战。农、战结合才能使国富兵强。三是重刑厚赏，以法治军。四是提出了一些具体的战略、战术。主张明察敌情，量力而行，权宜机变，灵活主动。

怯民使以刑，必勇；
勇民使以赏，则死。
《去强》

# 《商子》

# 箴言

商鞅 著

诸子
箴言

常人安于故习，
学者溺于所闻。

《更法》

---

苟可以强国，
不法其故；
苟可以利民，
不循其礼。

《更法》

---

愚者暗于成事，
知者见于未萌。

《更法》

民不贵学，
则愚。

《垦令》

———————

圣人明君者，
非能尽其万物也，
知万物之要也。

《农战》

———————

以治法者，强；
以治政者，削。

《去强》

兴国行罚，
民利且畏；
行赏，民利且爱。

《去强》

怯民使以刑，必勇；
勇民使以赏，则死。

《去强》

以日治者王，
以夜治者强，
以宿治者削。①

《去强》

---

① 日治，在白天把当天的政事处理好。宿治：隔了一天。

治明① 则同，
治暗则异。

《说民》

———————

民勇，
则赏之以其所欲；
民怯，
则杀之以其所恶。

《说民》

———————

名利之所凑，
则民道之。②

《算地》

———————————

① 治明：政治清明。

② 译：名利聚集的地方，会吸引很多的人。

夫民之情，
朴则生劳而易力，
穷则生知而权利。①

《算地》

民之生：
度而取长，
称而取重，
权而索利。

《算地》

---

① 易力：不吝惜力量。权利：权衡利害得失。

观俗立法则治，
察国事本则宜。
不观时俗，
不察国本，
则其法立而民乱，
事剧而功寡。

《算地》

操权一正以立术，
立官贵爵以称之，
论荣举功以任之，
则是上下之称平。

《算地》

制度时，
则国俗可化，
而民从制；
治法明，
则官无邪。
*《壹言》*

秉权而立，
垂法而治。
*《壹言》*

因世而为之治，
度俗而为之法。
*《壹言》*

法不察民之情而立之，
则不成；
治宜于时而行之，
则不干<sup>①</sup>。

《壹言》

仁者以爱利为务，
而贤者以相出为道。<sup>②</sup>

《开塞》

---

① 干：抵制，抵触。

② 译：大凡讲究仁爱的人都把爱护、便利别人作为自己的事务，
而贤能的人都把推举别人作为自己的处世原则。

不法古，
不循今。
法古则后于时，
循今则塞于势。①

《开塞》

世事变而行道异。

《开塞》

---

① 译：不效法古代，不拘守现状。效法古代，就要落后于时代；
拘守现状，就会与社会发展的趋势相隔绝。

刑加于罪所终，
则奸不去；
赏施于民所义，
则过不止。①

《开塞》

---

立法明分，
而不以私害法，
则治。

《修权》

---

① 译：如果刑罚用在罪过已经铸成以后，那么邪恶的事就不能
除去；如果奖赏用在民众认为是符合道义的行为上，那么罪
过就不能制止。

用必出于其劳，
赏必加于其功。
功赏明，
则竞于功。①

《错法》

---

法无度数，
而事日烦，
则法立而治乱矣。

《错法》

---

① 用：任用。劳：功劳。

胜而不骄，
败而不怨。
胜而不骄者，
术明也；
败而不怨者，
知所失也。
《战法》

————————

圣君之治人也，
必得其心，
故能用力。
力生强，
强生威，威生于力。
《靳令》

任功，
则民少言；
任善<sup>①</sup>，
则民多言。

《靳令》

———

上多惠言而不克其赏，
则下不用；
数加严令而不致其刑，
则民傲死<sup>②</sup>。

《修权》

————————

① 任善：好谈仁义道德的人。
② 傲死：不在乎死刑。

所谓壹刑者，刑无等级，
自卿相、
将军以至大夫、庶人，
有不从王令、
犯国禁、乱上制者，
罪死不赦。
有功于前，
有败于后，不为损刑。
有善于前，
有过于后，不为亏法。

《赏刑》

国皆有法，
而无使法必行之法。①

《画策》

———————

言不中法者，
不听也；
行不中法者，
不高②也；
事不中法者，
不为也。

《君臣》

———————————

① 译：每个国家都有法律，却往往没有使法律一定得到实行的
办法。

② 不高：不推崇。

托其势者，
虽远必至；
守其数①者，
虽深必得。
《禁使》

圣人为法，
必使之明白易知，
名正，愚知遍能知之。②
《定分》

---

① 数：方法。
② 译：制定法令，一定使它明白易懂，概念确定，所有的人都
　　能懂得它。

《墨子》是中国战国时期墨家学派的著作总集。是由墨子的弟子及其后学在不同时期记述编纂而成，反映了前期墨家和后期墨家的思想。墨子在政治上提出了"兼爱""非攻""尚贤""尚同""节用""节葬""非乐"等主张。"兼以易别"是他的社会政治思想的核心，"非攻"是其具体行动纲领。他认为只要大家"兼相爱，交相利"，社会上就没有强凌弱、贵傲贱、智诈愚和各国之间互相攻伐的现象了。他对统治者发动战争带来的祸害以及平常礼俗上的奢侈享乐，都进行了尖锐的揭露和批判。在用人原则上，墨子主张任人唯贤，反对任人唯亲，主张"官无常贵，而民无终贱"。

天下兼相爱则治，
交相恶则乱。
《兼爱》

# 《墨子》
# 箴 言

墨翟 著

诸 子
箴言

归国宝，
不若献贤而进士。

《亲士》

———————

良弓难张，
然可以及高入深；
良马难乘，
然可以任重致远；
良才难令，
然可以致君见尊。
是故江河不恶小谷之满己也，
故能大。
圣人者，事无辞也，
物无违也，故能为天下器。

《亲士》

江河之水，
非一源之水也；
千镒之裘，
非一狐之白也。
《亲士》

言无务为多而务为智，
无务为文而务为察。①
《修身》

志不强者智不达，
言不信者行不果。
《修身》

---

① 务：力求。智：有见解。文：文采。察：明察。

诸子箴言

据财不能分人者，
不足与友；
守道不笃，遍物不博，
辩是非不察者，不足与游。
《修身》

———

原浊者流不清，
行不信者名必耗①。
《修身》

———

名不可简而成也，
誉不可巧而立业。
《修身》

———

① 耗：损害。

染于苍则苍，
染于黄则黄。
所入者变，
其色亦变……
故染不可不慎也！
《所染》

———————

天下从事者，不可以无法仪。
无法仪而其事能成者，无有也。
《法仪》

———————

爱人利人者，天必福之；
恶人贼人者，天必祸之。
《法仪》

天必欲人之相爱相利，
而不欲人之相恶相贼也。

《法仪》

----

兼而爱之，兼而利之。

《法仪》

----

心无备虑，不可以应卒。①

《七患》

----

仓无备粟，不可以待凶饥；
库无备兵，不能征无义。

《七患》

----

① 虑：计谋。应：应付。卒：同"猝"，突然变故。

食不可不务也，
地不可不力也，
用不可不节也。
《七患》

以奢侈之君御好淫僻之民，
欲国无乱不可得也。
《辞过》

俭节则昌，淫佚则亡。
《辞过》

贤良之士众，则国家之治厚；
贤良之士寡，则国家之治薄。
《尚贤》

举义不辟贫贱，
举义不辟亲疏，
举义不辟远近。

《尚贤》

官无常贵而民无终贱，
有能则举之，无能则下之。

《尚贤》

列德而尚贤，
虽在农与工肆之人，
有能则举之。

《尚贤》

上之为政，
得下之情则治，
不得下之情则乱。

《尚同》

善人赏而暴人罚，
则国必治。
善人不赏而暴人不罚，
为政若此，
国众必乱。

《尚同》

天下之人皆不相爱，
强必执弱，富必侮贫，
贵必傲贱，诈必欺愚。
凡天下祸篡怨恨，
其所以起着，以不相爱生也。

《兼爱》

---

天下兼相爱则治，
交相恶则乱。

《兼爱》

---

兴天下之利，
除天下之害。

《兼爱》

爱人者，人必从而爱之。
利人者，人必从而利之。
恶人者，人必从而恶之。
害人者，人必从而害之。
《兼爱》

视人之家，
若视其<sup>①</sup>家；
视人之身，
若视其身。
《兼爱》

---

① 其：自己（的）。

镜于水，
见面之容。
镜于人，
则知吉与凶。

《非攻》

衣食者，
人之生利也，
然且犹尚有节；
葬埋者，
人之死利也，
夫何独无节于此乎。

《节葬》

去无用，
天下大利也！

《节用》

———————

天下有义则生，
无义则死；
有义则富，
无义则贫；
有义则治，
无义则乱。

《天志》

顺天意者，
义政也；
反天意者，
力政也。
《天志》

民有三患：
饥者不得食，
寒者不得衣，
劳者不得息。
《非乐》

利人乎即为，
不利人乎即止。
《非乐》

贫家而学富家之衣食多用，
则速亡必矣。
《贵义》

子不能治子之身，
恶能治国政？
《公孟》

行而自炫，
人莫之取也。

《公孟》

钓者之恭，
非为鱼赐也；
饵鼠以虫，
非爱之也。

《鲁问》

所为巧，
利于人谓之巧，
不利于人谓之拙。

《鲁问》

立辞而不明于其所生，
妄也。

《大取》

食必常饱，
然后求美；
衣必常暖，
然后求丽；
居必常安，
然后求乐。

《墨子佚文》

《管子》是先秦诸子时代百科全书式的巨著。齐相管仲的继承者、学生，收编、记录管仲生前思想、言论的总集。内容比较庞杂，涉及政治、经济、法律、军事、哲学、伦理道德等各个方面。写作年代大抵始于战国中期直至秦、汉。其中有关法家的篇章，主要出于战国中、后期的齐国法家。对法律和"法治"的论述综合前期法家法、术、势三派，杂揉道、儒的特色，自成体系，是研究先秦法律思想的重要著作。

---

必得之事，不足赖也；
必诺之言，不足信也。
《形势》

# 《管子》
# 箴言

管仲 著

诸 子
箴言

仓廪实，则知礼节；
衣食足，则知荣辱。

《牧民》

————————

刑罚不足以畏其意，
杀戮不足以服其心。

《牧民》

————————

天下不患无财，
患无人以分之。①

《牧民》

————————

① 分：妥善分配。

不为不可成，
不求不可得，
不处不可久，
不行不可复①。
《牧民》
————

不强民以其所恶，
则诈伪不生。
《牧民》
————

赋敛厚，则下怨上矣；
民力竭，则令不行矣。
《权修》

————

① 不可复：不可再行的事情。

微邪，
大邪之所生也。

《权修》

----

取于民有度，
用之有止，
国虽小必安；
取于民无度，
用之不止，
国虽大必危。

《权修》

审其所好恶，
则其长短可知也；
观其交游，
则其贤不肖克察也。
《权修》

一年之计，莫如树谷；
十年之计，莫如树木；
终身之计，莫如树人。
《权修》

小谨者不大立，
訾食①者不肥体。
《形势》

———————————
① 訾食：厌食，挑食。

失天之度，虽满必涸；
上下失和，虽安必危。
《形势》

---

必得之事，不足赖也；
必诺之言，不足信也。
《形势》

---

言而不可复者，君不言也；
行而不可再者，君不行也。
《形势》

---

邪气入内，正色乃衰。
《形势》

天之所助，虽小必大；
天之所违，虽成必败。
顺天者有其功，
逆天者怀其凶，不可复振也。

《形势》

独王①之国，劳而多祸。

《形势》

群臣百姓人虑利害，
而以其私心举措，
则法制毁而令不行矣。

《任法》

---

① 独王：独断专行。

有法度之制者，不可巧以诈伪；
有权衡之称者，不可欺以轻重；
有寻丈之数者，不可差以长短。
《明法》

---

成功立事，必顺于理义，
故不理不胜天下，不义不胜人。
《七法》

---

不明于象，
而欲论材审用，
犹绝长以为短，
续短以为长。
《七法》

错仪画制，不知则不可；
论材审用，不知象不可；
治民一众，不知法不可；
变俗易教，不知化不可。

《七法》

———

天不一时，
地不一利，
人不一事。

《宙合》

———

五味不同物而能和。

《宙合》

天道之数，
至则反，盛则衰。

《重令》

诚信者，
天下之结也。

《枢言》

人之自失也，
以其所长者也。①

《枢言》

---

① 译：人们的自失，往往因为他的特长。

爱者，憎之始也；
德者，怨之本也。①

《枢言》

---

规矩者，
方圜之正也。
虽有巧目利手，
不如拙规矩之正方圜也。
故巧者能生规矩，
不能废规矩而正方圜②。
虽圣人能生法，
不能废法而治国。

《法法》

---

① 大意：爱尽则恨生，德竭则怨萌。
② 圜：圆。

召远在修近，闭祸在除怨。

《版法》

举所美必观其所终，
废所恶必计其所穷。①

《版法》

以备待时，以时兴事。

《霸言》

无土而欲富者忧，
无德而欲王者危，
施薄而求厚者孤。

《霸言》

---

① 所终：事情的结局。所穷：事情的后果。

知者善谋，
不如当时。

《霸言》

---

谋无主则困，
事无备则废。

《霸言》

---

事先大功，
政自小始。①

《问》

---

① 译：调查从大事着眼，治理从小处入手。

寡交多亲，
谓之知人；
寡事成功，
谓之知用；
闻一言以贯万物，
谓之知道。

《戒》

———————

上惠其道，下敦其业，
上下相希，若望参表，
则邪者可知也。①

《君臣》

————————————

① 希：相互监督。参表：标杆检测日影。

夫民，
别而听之则愚，
合而听之则坚。①
《君臣》

———————

强不能遍立，
智不能尽谋。
《心术》

———————

法者，天下之仪也，
所以决疑而明是非也，
百姓所具命也。②
《禁藏》

———————

① 别而听：分别听信个人之辞。合而听：全面听取。
② 所具命：与（百姓）性命攸关。

不作无补之功，不为无益之事。

《禁藏》

---

亲左右，用无用，
则犹如盲以导盲，
必使人生怨。

《侈靡》

---

犹戚则疏之，
毋使人图之；
犹疏则数之，
毋使人曲之。①

《侈靡》

---

① 译：对亲戚疏远一些，不要使人从中有所图谋；对疏远者要
多加亲近，不要使人感到委曲。

天不为一物枉<sup>①</sup>其时。

《白心》

---

日极则仄，
月满则亏。
极之徒仄，
满之徒亏，
巨之徒灭。
孰能已无已乎？
效夫天地之纪！

《白心》

---

① 枉；改变。

骄倨傲暴之人，
不可与交。

《白心》

---

毋代马走，使尽其力；
毋代鸟飞，使弊其羽翼；
毋先物动，以观其则。

《心术》

---

奸邪之所生，生于匮不足；
匮不足之所生，生于侈；
侈之所生，生于毋度。

《八观》

以天下之目视则无不见也，
以天下之耳听则无不闻也，
以天下之心虑则无不知也。
《九府》

凡言与行，
思中以为纪。①
《弟子职》

人惰而侈则贫，
力而俭则富。
《形势解》

---

① 中：适中。纪：纲纪，准则。

海不辞水，
故能成其大；
山不辞土石，
故能成其高；
明主不厌人，
故能成其众；
士不厌学，
故能成其圣。

*《形势解》*

以众人之力起事者，
无不成也。

*《形势解》*

与人交，
多诈伪无情实，
偷取一切，
谓之乌集之交。
乌集之交，
初虽相欢，
后心相咄。①

《形势解》

————————

沉于乐者洽于忧，
厚于味者薄于行。②

《中匡》

————————————

① 偷取，苟且求取。一切：权宜。
② 沉：沉溺。洽：浸润。味：贪求精美饮食。行：德行。

事者，
生于虑，
成于务，
失于傲。
《乘马》

---

货尽而后知不足，
是不知量也；
事已而后知货之有余，
是不知节也。
《乘马》

今日不为，
明日亡货。
昔之日已往而不来矣。①

《乘马》

---

远不间亲，
新不间②旧。

《五辅》

---

事将为，
其赏罚之数必先明之。

《立政》

---

① 译：今天不抓紧工作，明天便什么都没有了。以往的时间已
　经过去不会再来了。
② 间：疏远。

《晏子春秋》记载春秋时期齐国政治家晏婴言行的书。一说成书于战国时期，也有人认为是原籍为齐的秦代博士所写。该书采用史料和民间传说编纂而成，其中晏婴劝告君主不要贪于逸乐，要爱护百姓、任用贤能和虚心听取不同意见等统治经验，常为后世所取法。晏婴本人恪守传统礼制、生活节俭，也常为后世统治者所称道。该书中许多生动的情节描写，表现了晏婴的聪慧和机智，如"晏子使楚"等，曾在民间广为流传。书中还通过总结政治经验，分析了"和"与"同"两个概念。晏婴认为对君主随声附和即"同"，不足可取；只有敢于向君主提出建议，补其不足，也就是"和"，才是正确的。这一具有辩证法思想的论述在中国哲学史上也占有一定的地位。

---

义，谋之法也；
民，事之本也。
《内篇问上》

# 《晏子春秋》

# 箴言

晏婴 著

诸 子
箴言

所谓和者，
君甘则臣酸，
君淡则臣咸。
今据也甘君亦甘，
所谓同也，
安得为和！

《内篇谏上》

利于国者爱之，
害于国者恶之。

《内篇谏上》

饱而知人之饥，
温而知人之寒，
逸而知人之劳。

《内篇谏上》

———————

上正其治，
下审其论，
则贵贱不相逾越。

《内篇谏下》

———————

寸之管无当，
天下不能足之以粟。①

《内篇谏下》

————————————

① 译：一寸粗细的管子如果没有底，天下的粮食都装不满它。

朝居<sup>①</sup>严则下无言，
下无言则上无闻矣。
下无言则吾谓之暗，
上无闻则吾谓之聋。
《内篇谏下》

天下者，
非用一士之言也，
固有受而不用，
恶有拒而不受者哉！
《内篇谏下》

---

① 朝居：设朝听政。

行伤则溺己，
爱失则伤生，
哀失则害性。
《内篇谏下》

———————

谋度于义者必得，
事因于民者必成。
《内篇问上》

———————

义，谋之法也；
民，事之本也。
《内篇问上》

任人之长，
不强其短；
任人之工，
不强其拙。

《内篇问上》

观之与其游，说之与其行，
君无以靡曼辩辞定其行，
无以毁誉非议定其身，
如此，
则不为行以扬声，
不掩欲以荣君。①

《内篇问上》

① 与其游：与他交游的人。靡曼：美丽。

通则视其所举，
穷则视其所不为，
富则视其所不取。

《内篇问上》

地不同生，
而任之以一种，
责其俱生不可得；
人不同能，
而任之以一事，
不可责遍成。

《内篇问上》

举事不私，
听狱不阿。①

《内篇问上》

节欲则民富，
中听则民安。②

《内篇问下》

意莫高于爱民，
行莫厚于乐民。

《内篇问下》

———————————

① 阿：偏袒一方。
② 中听：判断讼事毫无偏差。

士者诎乎不知己，
而申乎知己，
故君子不以功轻人之身，
不为彼功诎身之理。①

《内篇杂上》

禁之以制，
而身不先行，
民不能止。
故化其心，
莫若教也。

《内篇杂下》

---

① 诎乎不知己：委屈于没有人了解自己。申：舒展。

橘生淮南则为橘，
生于淮北则为枳，
叶徒相似，
其实味不同。
所以然者何？
水土异也。

《内篇杂下》

廉者，
政之本也；
让者，
德之主也。

《内篇杂下》

分争者不胜其祸，
辞让者不失其福。

《内篇杂下》

圣人千虑，必有一失；
愚人千虑，必有一得。

《内篇杂下》

藏大不诚于中者，
必谨小诚于外，
以成其大不诚。

《外篇第七》

夫盛之有衰，
生之有死，
天之分也。
物有必至，
事有常然，
古之道也。

《外篇第七》

---

见不足以知之者，
智也；
先言而后当者，
惠也。①

《外篇第七》

---

① 译：事情尚未发生而能预见其发生的人是有才智的人，先预
　言而后来又被证实的人，是有智慧的人。

微事不通，
粗事不能者，
必劳；
大事不得，
小事不为者，
必贫；
大者不能致人，
小者不能至人之门者，
必困。

《外篇第七》

能足以赡上益民而不为者，
谓之不仁。①

《外篇第七》

是而非之，
非而是之，
犹非也。②

《外篇第八》

君子独立不惭于影，
独寝不惭于魂。

《外篇第八》

---

① 译：有能力做有益于国家和人民的事而不愿意做的人，是不
仁之人。

② 译：把对的说成错的，错的说成对的，那是诽谤。

君子过人以为友，
不及人以为师。①

《外篇第八》

---

① 译：指出别人的过失是把别人视为朋友，比不上别人就把别
人当作老师。

《慎子》为先秦法家代表人物之一慎到所著。慎子是从道家分化出来的法家。他长期在齐国稷下讲学，对法家思想在齐国的传播起过重大作用。《慎子》一书，不仅讲"势"，而且讲"法"，书中虽未提出"术"的概念，但有部分内容是论"术"的。法家思想"法""术""势"初具规模，为后期法家之源。司马迁认为慎到是"学黄老道德之术"。慎到继承法家崇尚自然的传统，把天地造化作为世界运行的完美楷模。他在论述社会治理时要求效法自然，这种行为，慎到称为"因"，又叫"因循"。他"天道"的概念，在《慎子》一书中具有普遍意义。"因循天道"，即按规律办事，才会长久。

---

官不私亲，
法不遗爱。
《君臣》

# 《慎子》

# 箴言

慎到 著

天有明，
不忧人之暗也；
地有财，
不忧人之贫也。

《威德》

---

毛嫱、西施，
天下之至姣也，
衣之以皮倛，
则见者皆走；
易之以元緆，
则行者皆止。①

《威德》

---

① 皮倛：驱鬼面具。元：好看的衣服。

## 《慎子》
篦言

腾蛇游雾，飞龙乘云，
云罢雾霁，与蚯蚓同，
则失其所乘也。

《威德》

---

法虽不善，
犹愈于无法。

《威德》

---

人莫不自为也，
化而使之为我，
则莫可得而用矣。①

《因循》

---

① 译：人们没有不愿尽心尽力为自己做事的，要强求他们改变
　　为自己做事而为我做事，那么就不可能找到合用的人材。

用人之自为，
不用人之为我，
则莫不可得而用矣。

《因循》

———————

君人者，
好为善以先下，
则下不敢与君争为善以先君矣，
皆私其所知以自覆掩，
有过，
则臣反责君，
逆乱之道也。

《民杂》

下之所能不同，
而皆上之用也。

《民杂》

———————————

人君自任而躬事，
则臣不事事，
是君臣易位也，
谓之倒逆。
倒逆则乱矣。
人君苟任臣而勿自躬，
则臣皆事事矣。

《民杂》

諸子箴言

疑则动，
两则争，
杂则相伤，
害在有与，
不在独也。<sup>①</sup>

《德立》

---

任法而弗躬，
则事断于法矣。<sup>②</sup>

《君人》

---

① 动：不安宁。有与：双方。
② 译：任用法制，而不要仅凭个人的主观意愿去做，那么一切
　　事情都依着法制来决断。

君人者，
舍法而以身治，
则诛赏予夺，
从君心出矣。
然则受赏者虽当，
望多无穷；
受罚者虽当，
望轻无已。①

《君人》

无法之言，不听于耳；
无法之劳，不图于功。

《君臣》

① 望：欲望。无已：没有穷尽。

官不私亲，
法不遗爱。

《君臣》

———————

有权衡者，不可欺以轻重；
有尺寸者，不可差以长短；
有法度者，不可巧以诈伪。

《逸文》

———————

法非从天下，
非从地出，
发于人间，
合乎人心而已。

《逸文》

治国无其法则乱，
守法而不变则衰。
有法而行私，
谓之不法。
《逸文》

———————

家富则疏族聚，
家贫则兄弟离，
非不相爱，
利不足相容也。
《逸文》

祸福生乎道法，
而不出乎爱恶，
荣辱之责在乎己，
而不在乎人。

《逸文》

鹰善击也，
然日击之，
则疲而无全翼矣；
骥善驰也，
然日驰之，
则蹶而无全蹄矣。

《逸文》

民之治乱在于上，
国之安危在于政。

《逸文》

----

骨肉可刑，
亲戚可灭，
至法不可阙也。

《逸文》

《尹文子》，为尹文（战国时期齐国人，生平不详）所著，今本仅一卷，分《大道》上下两篇，语录与故事混杂，各段自成起讫。上篇论述形名理论，下篇论述治国之道，可以看作是形名理论的实际运用。其思想特征以名家为主，综合道法，亦不排斥儒墨。自道以至名，由名而至法，上承老子，下启荀子、韩非。《尹文子》的形名论思想，为研究中国逻辑思想史者所重视，其对语言的指称性与内涵等关系的思考，颇值得玩味。文章善于运用寓言说理，虽然不如"白马非马"有名，但是却很有趣味，其中讲一个人，给儿子取名"盗"和"殴"，结果挨了一顿打。抛开让人犹如雾里看花般的"道""名""形"，看看古人的调皮之处，也是一得。

---

名定则物不竞，
分明则私不行。
《大道上》

# 《尹文子》
# 箴言

尹文 著

诸 子
箴言

名也者，正形者也。
形正由名，则名不可差。

《大道上》

术者，
人君之所密用，
群下不可妄窥；
势者，
制法之利器，
群下不可妄为。

《大道上》

名定则物不竞，分明则私不行。

《大道上》

大要在乎先正名分，
使不相侵杂。
然后术可秘，势可专。
《大道上》

万事皆归于一，
百度皆准于法。
归一者，简之至；
准法者，易之极。
《大道上》

有理而无益于治者，君子弗言；
有能而无益于事者，君子弗为。
《大道上》

为善使人不能得从，
此独善也；
为巧使人不能得从，
此独巧也；
未尽善巧之理。
为善与众行之，为巧与众能之，
此善之善者，巧之巧者也。

《大道上》

己是而举世非之，
则不知己之是；
己非而举世是之，
亦不知己之非。

《大道上》

圣人者，
自己出也；
圣法者，
自理出也。
理出于己，
己非理也；
己能出理，
理非己也。
《大道下》

---

才匀智同而彼贵我贱，
能不怨则美矣，
虽怨无所非也。
《大道下》

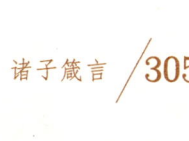

人君不可不酬万民，
不酬万民则万民之所不愿戴，
所不愿戴则君位替矣。①

《大道下》

两智不能相使，
两贵不能相临，
两辨不能相屈，
力均势敌故也。

《尹文子逸文》

---

① 酬：报答，酬谢，得到实惠。

专用聪明则功不成，
专用晦昧则事必悖。
一明一晦，
众之所载。
《尹文子逸文》

以智力求者，
喻如弈棋：
进退取与、攻劫放舍，
在我者也。
《尹文子逸文》

《鬼谷子》是根据鬼谷子（姓王名诩，又名王禅，号玄微子，春秋时卫国朝歌人）的言论整理而成，被完整地保留在道家的经典《道藏》中。内容涉及政治、军事、外交等领域。从主要内容来看，是针对谈判游说活动而言的，但是由于其中涉及到大量的谋略问题，与军事问题触类旁通，也被称为兵书。该书以功利主义思想为核心，认为一切合理手段都可以运用。它讲述了作为弱者的一无所有的纵横家们，运用谋略口才如何进行游说，进而控制作为强者，握有一国政治、经济、军事大权的诸侯国君主。《鬼谷子》是一部研究社会政治斗争谋略权术的书，因此可以说，它的智慧也就是一部"治人兵法"。

---

谋必欲周密，
必择其所与通者说也。
《摩篇》

# 《鬼谷子》

# 箴 言

王诩 著

诸 子
箴言

圣人一守司其门户，
审察其所先后，
度权量能，
校其伎巧短长。①

《捭阖》

---

审定有无，与其虚实，
随其嗜欲，以见其志意；
微排其所言，而捭反之，以求其实，
实得其指。阖而捭之，以求其利。②

《捭阖》

---

① 守司：掌握，把握。伎：技。
② 捭：打开。阖：闭合。译：略微排斥对方所说的话，使其自圆
其说，从而求得实际情况，摸清其真实意图。然后闭口不言
以让对方畅所欲言，以判断是否于己有利。

为小无内，
为大无外。

《捭阖》

言有象，事有比。
其有象比，以观其次。
象者象其事，比者比其辞也。

《反应》

己欲平静，
以听其辞，
察其事，
论万物，别雄雌。
虽非其事，见微知类。

《反应》

反以观往，覆以验来；
反以知古，覆以知今；
反以知彼，覆以知己。

《反应》

知之始己，自知而后知人也。

《反应》

己不先定，
牧人不正，
事用不巧，是谓忘情失道；
己审先定以牧人，
策而无形容，
莫见其门，是谓天神。

《反应》

欲说者务隐度，
计事者务循顺。
《内楗》

善变者审知地势，
乃通于天，以化四时，
使鬼神，合于阴阳。
《内楗》

不见其类而为之者，见逆；
不得其情而说之者，见非。
得其情乃制其术。
《内楗》

经起秋毫之末,挥之于太山之本。①

《抵巇》

---

物有自然,事有合离。
有近而不可见,有远而可知。
近而不可见者,不察其辞也,
远而可知者,反往以验来也。

《抵巇》

---

世可以治,则抵而塞之;
不可治,则抵而得之。②

《抵巇》

---

① 大意为:一件如秋毫微小的事情,发展起来可以形成震动泰
山的结果。

② 译:如果社会还可以救药,就采取堵塞漏缝的办法;如果已
经不能挽救,便只有建立新的秩序代替它。

凡度权量能，所以征远来近。
立势而制事，
必先察同异之党，别是非之语；
见内外之辞，知有无之数；
决安危之计，定亲疏之事，
然后乃权量之。
《飞箝》

忠实无真，不能知人。①
《忤合》

世无常贵，事无常师。
《忤合》

---

① 译：忠实只是表象，不能由此知道对方的全像。

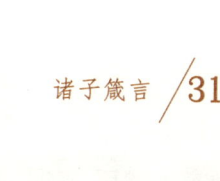

用之于天下，
必量天下而与之。
用之于国，
必量国而与之。
用之于家，
必量家而与之。
用之于身，
必量身材能气势而与之，
大小进退，
其用一也。

《忤合》

不劳心苦思，
不能原事。
不悉心见情，
不能成名。

《忤合》

———————

量权不审，
不知强弱轻重之称。
揣情不审，
不知隐匿变化之动静。

《揣篇》

揣情者，
必以其甚喜之时，
往而极其欲也；
其有欲也，
不能隐其情。
必以其甚惧之时，
往而极其恶也；
其有恶也，
不能隐其情。

《揣篇》

————

夫情变于内者，
形见于外。

《揣篇》

谋莫难于周密，
说莫难于悉听，
事莫难于必成。
《摩篇》

谋必欲周密，
必择其所与通者说也。
《摩篇》

摩之以其类，
焉有不相应者。
乃摩之以其欲，
焉有不听者。
《摩篇》

口可以食，
不可以言。
言者，
有讳忌也。
众口铄金，
言有曲故也。

*《权篇》*

听贵聪，
智贵明，辞贵奇。

*《权篇》*

与智者言依于博，

与博者言依于辩，

与辩者言依于要，

与贵者言依于势，

与富者言依于高，

与贫者言依于利，

与贱者言依于谦，

与勇者言依于敢，

与过者言依于锐。

《权篇》

智者不用其所短，
而用愚人之所长；
不用其所拙，
而用愚人之所工，故不困也。

《权篇》

同情而相亲者，其俱成者也。
同欲而相疏者，其偏害者也。
同恶而相亲者，其俱害者也，
同恶而相疏者，其偏害者也。

《谋篇》

墙坏于其隙，
木毁于其节，斯盖其分也。

《谋篇》

智者达于数，
明于理，
不可欺以不诚，
可示以道理。
《谋篇》

人之有好也，学而顺之；
人之有恶也，避而讳之。
《谋篇》

智用于众人之所不能知，
而能用于众人之所不能见。
《谋篇》

度以往事，
验之来事，
参之平素，
可则决之。

《决篇》

---

用赏贵信，
用刑贵正。
刑赏信正，
必验耳目之所见闻，
其所不见闻者，
莫不暗化矣。

《符言》

目贵明，
耳贵聪，
心贵智。
《符言》

名当则生于实，
实生于理，
理生于名实之德，
德生于和，
和生于当。
《符言》

《孙子》（即《孙子兵法》）为春秋时期伟大军事家孙武所作。该书对中国古代军事学术的发展产生了巨大而深远的影响，被人们尊奉为"兵经"、"百世谈兵之祖"。孙武的军事思想具有朴素的唯物论和辩证法观点。他强调战争的胜负不取决于鬼神，而是与政治清明、经济发展、外交努力、军事实力、自然条件诸因素有联系，预测战争胜负主要就是分析以上这些条件如何，这就体现了他朴素的唯物论观点。孙武不仅相信世界是客观存在的，而且认为世界上的事物都在不停地运动变化着，强调在战争中应积极创造条件，发挥人的主观能动性，促成对立面朝着有利于自己的方向转化，表明孙武掌握了生动活泼的辩证法。

軍爭之難者，
以迂为直，以患为利。
《军争篇》

# 《孙子》

# 箴言

孙武 著

诸 子
箴言

326—344

《孙子》

箴言

势者，
因利而制权也。

《计篇》

兵者，
诡道也。

《计篇》

未战而庙算①不胜者，
得算少也。
多算胜，
少算不胜，
而况于无算乎！

《计篇》

---

① 庙算：古时战前君主在宗庙里举行仪式，商讨作战计划。

攻其无备，
出其不意。
《计篇》

兵贵胜，
不贵久。
《作战篇》

百战百胜，
非善之善者也；
不战而屈人之兵，
善之善者也。
《谋功篇》

上下同欲者胜，
以虞<sup>①</sup>待不虞者胜。

《谋功篇》

十则围之，
五则攻之，
倍则分之，
敌则能战之，
少则能逃之，
不若则能避之。

《谋功篇》

① 虞：防御，防备。

《孙子》
箴言

上兵伐谋，
其次伐交，
其次伐兵，
其下攻城。
《谋功篇》

不尽知用兵之害者，
则不能尽知用兵之利也。
《谋功篇》

知彼知己，
百战不殆。
《谋攻篇》

善战者，
先为不可胜，
以待敌之可胜。

*《形篇》*

善战者，能为不可胜，
不能使敌人之必可胜。

*《形篇》*

善守者，藏于九地之下；
善攻者，动于九天之上，
故能自保而全胜也。

*《形篇》*

善战者，
立于不败之地，
而不失敌之败也。
《形篇》

胜兵先胜而后求战，
败兵先战而后求胜。
《形篇》

胜者之战民也，
若决积水于千仞之溪者形也。
《形篇》

凡战者，以正合，以奇胜。

《势篇》

---

战势不过奇正①，
奇正之变，不可胜穷也。

《势篇》

---

善战者，
求之于势，不责于人，
故能择人而任势。

《势篇》

---

出其所不趋，趋其所不患。

《虚实篇》

---

① 奇：以奇兵取胜。正：以正兵挡敌。

攻而必取者，
攻其所不守也；
守而必固者，
守其所不攻也。
故善攻者，
敌不知其所守；
善守者，
敌不知其所攻。

*《虚实篇》*

进而不可御者，
冲其虚也；
退而不可追者，
速而不可及也。

*《虚实篇》*

兵之形，
避实而击虚。

《虚实篇》

———————

兵无常势，
水无常形；
能因敌变化而取胜者，
谓之神。

《虚实篇》

———————

军争之难者，
以迂为直，以患为利。

《军争篇》

兵以诈，
以利动，
以分合为变者也。
《军争篇》

人既专一，
则勇者不得独进，
怯者不得独退，
此用众之法也。①
《军争篇》

① 专一：士卒行动有统一的指挥。

三军可夺气，
将军可夺心。

《军争篇》

避其锐气，
击其惰归。

《军争篇》

以近待远，
以佚待劳，
以饱待饥。

《军争篇》

将受命于军……
君命有所不受。

《九变篇》

智者之虑，
必杂于利害。
杂于利而务可信也，
杂于害而患可解也。

《九变篇》

令素行，
以教其民，则民服；
令素不行，
以教其民，则民不服。①

《行军篇》

---

进不求名，
退不避罪。

《地形篇》

---

① 译：平时能要求严格执行命令，管教士卒，士卒就会养成服
从命令的习惯；平时不能要求严格执行命令，管教士卒，士
卒就会养成不服从的习惯。

视卒如婴儿，
故可与之赴深溪；
视卒如爱子，
故可与之俱死。
厚而不能使，
爱而不能令，
乱而不能治，
譬若骄子，
不可用也。

《地形篇》

知彼知已，
胜乃不殆；
知天知地，
胜乃不穷。

《地形篇》

---

合于利而动，
不合于利而止。

《九地篇》

---

兵之情主速，
乘人之不及，
由不虞之道，
攻其所不戒也。

《九地篇》

齐勇若一，
政之道也；
刚柔皆得，
地之理也。
《九地篇》

投之亡地然后存，
陷之死地然后生。
《九地篇》

主不可以怒而兴师，
将不可以愠而致敌。
《火攻篇》

动而胜人，
成功出于众者，
先知也。
先知者，
不可取于鬼神，
不可象于事，
不可验于度，
必取于人，
知敌之情者也。

《用间篇》

**图书在版编目 (CIP) 数据**

诸子箴言 / 何书明编 . —北京：
中央编译出版社，2017.11
ISBN 978-7-5117-3452-5

Ⅰ. ①诸…

Ⅱ. ①何…

Ⅲ. ①先秦哲学－箴言－汇编

Ⅳ. ① B220.1

中国版本图书馆 CIP 数据核字 (2017) 第 275142 号

**诸子箴言**

出　版　人：葛海彦
出版统筹：贾宇琰
责任编辑：谭　洁　李媛媛
责任印制：刘　慧
出版发行：中央编译出版社
地　　　址：北京西城区车公庄大街乙 5 号鸿儒大厦 B 座 (100044)
电　　　话：(010) 52612345（总编室）　 (010) 52612368（编辑室）
　　　　　　(010) 52612316（发行部）　 (010) 52612346（馆配部）
传　　　真：(010) 66515838
经　　　销：全国新华书店
印　　　刷：河北下花园光华印刷有限责任公司
开　　　本：787 毫米 ×1092 毫米　1/32
字　　　数：40 千字
印　　　张：11
版　　　次：2017 年 12 月第 2 版
印　　　次：2017 年 12 月第 1 次印刷
定　　　价：29.00 元

网　　　址：www.cctphome.com　　邮　箱：cctp@cctphome.com
新浪微博：@中央编译出版社　　　　微　信：中央编译出版社 (ID：cctphome)
淘宝店铺：中央编译出版社直销店 (http://shop108367160.taobao.com) (010) 55626985

本社常年法律顾问：北京市吴栾赵阎律师事务所律师　闫军　梁勤
凡有印装质量问题，本社负责调换，电话：(010) 55626985